KB193494

주님, 기뻐 받으셨나요?

주님, 기뻐 받으셨나요?

노래하는 전자바이올리니스트 해나리의 사역 이야기

해나리 지음

추천사

인생에서 우리 마음에 부어진 소명을 따라 달려가는 길보다 더 복된 길이 있을까요!

해나리. 그의 복된 길은 예수 그리스도의 사랑을 힘입어 살아가는, 험난하지만 평화롭고, 화려하지만 고요하며, 지는듯하지만 다시 피어나는 놀라운 섭리를 보여 줍니다.

- 열림교회 담임목사 이인선

괜한 오지랖으로 눈총받기를 싫어하는 시대에 가만히 있지 못하는 사람이 바로 내가 아는 해나리다. 해야 할 일이라 판단되면 어떤 수고와 손해가 있어도 해내고야 마는 그녀의 삶의 이야기가 이 책에 고스란히 묻어 있다. 이 책을 통해 그녀의 오지랖 영성을 경험하길 바란다.

- sm엔터테인먼트 대표 / 다음세대교회 담임목사 류인영

순종하고 싶어 끊임없이 묻는 사람에게만 보이는 길이 있나 봅니다. 순종하고 싶어 발을 내딛는 사람에게만 따라오는 도움이 있나 봅니다. 해나 자매의 치열했던 여정을 보니 문득, 우리 앞에도 그 길들이, 내 뒤에도 그 도움들이 따라오고 있겠구나 믿어집니다.

- 하늘그림교회 인진우 목사

5대째 믿음의 가정에서 자란 전자 바이올리니스트 해나리는 뉴질랜드 다음 세대이다. 영어와 음악을 배워 한국과 수많은 해외에서 간증하고, 바이올린 연주와 함께 찬양과 랩을 하며 하나님께 영광을 돌린 이야기를 이 책에 담았다. 많은 분이 읽기 바라며, 기독교 문화가 독자의 마음에 온전히 거하기를 소망한다.

-뉴질랜드 크리스천라이프 발행인 이승현 목사

Contents

Prologue

해나의 아바 아버지,
감사합니다

"콩닥콩닥콩닥콩닥"

1분에 140회 이상 빠르게 뛰는 태아의 심장 소리를 처음 듣고, 모니터로 처음 본 날….

"엉~엉~. 여보~, 그 조그만 심장이 팔딱팔딱 뛰고 있어~ 엉~엉~."

내 안에 한 생명이 살아 숨 쉬고 있다는 사실을 확인한 그날을 잊지 못한다. 만감이 교차하며 바보같이 엉~엉~ 울어,대기만 한 나를 남편이 토닥이며 말했다.

"해나야, 하나님이 우리에게 기적을 베푸셨어. 하나님이 주신 아이인 만큼 하나님께 쓰임받을 수 있게 잘 키우자."

결혼 6년 차인 우리가 난임이라는 소식을 접했을 때, 우리는 큰 충격에 휩싸였다. 그러고는 사역을 잠시 접고 시험관 아기 시술을 두 번 시도했지만, 결과는 실패였다. 슬프고 실망스러운 마음을 뒤로하고 아직 주님의

때가 아니라고 생각하며 다시 맡겨진 일들을 감당하며 지냈다.

　그 이후로도 아기를 놓고 매일같이 기도했지만 깜깜무소식이었다. 그래서 남편과 함께 5일 동안 모든 스케줄을 비우고 기도원으로 들어갔다. 기도원에서의 첫 저녁 예배 때 하나님이 약속하신 것을 꼭 이루실 것이라는 말씀을 주셨는데, 정확히 우리 부부에게 주시는 말씀이었다. 기도원에서 하나님의 귀중한 언약을 안고 내려와 사역 일정을 위해 일본으로 향했다.

　힘든 일정의 일본 사역을 마치고 온 몸에 힘이 다 빠진 상태로 한국으로 돌아오는 비행기에 올랐다. 탈진한 상태로 초점 없이 창밖을 바라보며 뜨는 해를 멍하니 바라보고 있었다. 마음이 굳은 일본 영혼을 생각하며, 주님께서 나를 통해 베푸신 은혜의 시간이 머리를 스쳐갔다.

　"하나님, 저를 통해 많은 이들을 만나주셔서 감사합니다."

하며 기도하는데, 가슴에 큰 울림으로 하나님이 음성을 들려주셨다.

"그래, 해나야~ 내가 아직 너를 통해 구원할 영혼이 너무 많구나."

"……"

눈물이 주르륵 흘렀다.

"알겠어요, 하나님. 약속을 지키시는 주님만을 믿고 열심히 사역 할게요. 아기를 주시기 전에 저를 충분히 사용 하세요. 내 기도에 응답하시는 아바 아버지, 감사합니다."

뉴질랜드에 와서 휴식과 운동을 하며 몸이 많이 회복된 이후, 정부에서 지원해 주는 시험관 아기 시술을 시도했다. 이미 두 번이나 실패한 경험이 있어 마음을 내려놓고 결과를 기다리고 있었다.

임신 여부를 통보해 주는 전화가 올 때가 이미 지났는데, 아무런 소식이 없었다. 초조한 마음으로 소식을 기다리고 있는데 갑자기 전화가 울렸다.

"해나리 씨 휴대폰이지요? 축하합니다! 임신하셨습니다!"

"감사합니다! 정말 감사합니다!"

결혼한 지 9년 만에 하나님께서 우리에게 딸아이를 허락하셨다!

임신 기간에 입덧 등 수십 가지의 임신 증후군에 시달린 터라 집에서 쉬는 것밖에 할 수 없었다. 맑은 공기를 마시며 가벼운 산책을 하는 도중 하나님께서는 11여 년간의 사역을 뒤돌아보게 하셨다.

사역지에서 간증을 나눌 때 농담 반 진담 반으로 이렇게 말하곤 했다.

"제가 오늘 나눈 간증 이외에 하나님께서 경험하게 하신 간증 거리가 153가지 더 있습니다."

언젠가는 하나님이 내 사역을 통해 행하신 이 모들 일들을 책으로 담아 많은 사람들과 나누고 싶다고 생각했는데, 그때가 바로 지금이었던 것이다!

내가 태어나기 전 부터 하나님은 나를 주의것으로 찜하셨고, 사역자로 사용하시려고 내 지난 인생에 걸쳐 치밀하게 빚어나가셨다.

국내외 사역지에서 주님께서 나를 통해 행하신 기적과 같은 일들과 노래를 이 책을 통해 나누고싶다.

PART 1

"복음을 전하는
바이올리니스트가 되겠습니다"

길고 흰 구름의 나라에서 시작된 꿈

"나 뉴질랜드로 이민 가!"

1994년 4월 26일, 김포공항 국제선 출발 구역이 울음바다가 되었다. 이날은 바로 우리 가족이 한국을 뒤로하고 뉴질랜드로 이민을 떠나는 날이었기 때문이다. 친척들 중 우리 가족이 해외로 이민을 가는 첫 가족이었기에 온 친척이 모두 공항에 나와 우리를 환송했다.

그때만 해도 뉴질랜드는 한국인들에게는 멀고 낯선 땅이었다. "얘들아, 나 뉴질랜드로 이민 가"라고 초등학교 친구들한테 이야기하면, "어디? 네덜란드? 뉴질랜드가 어디야?"라고 되묻기 일쑤였다.

마오리 현지어(Aoteaoa)로 '길고 흰 구름의 나라'라는 의미를 가지고 있는 뉴질랜드는 호주보다 조금 더 남쪽에 위치한 섬나라로 유럽인들이 대거 이주해 현지 마오리족과 함께 어울려 살고 있는 나라이다. 그 당시에 미국, 호주, 캐나다로 가는 이민의 문은 이미 활짝 열려 있었지만, 뉴질랜드는 한국인들에게 아직 잘 알려지지 않은 미지의 나라였다.

아버지가 섬유 회사에 다니실 때, 무역 업무를 담당하셨다. 그래서 해외 출장도 자주 다니시고, 해외 바이어가 한국을 방문할 때는 미팅 또는 식사 자리에 종종 어린 나를 데리고 나가셨다. 그때 다양한 나라에서 온 외국인 바이어와 수줍게 "Hi"라고 인사했던 게 기억이 난다. 그러던 우리 가족에게 위기가 찾아왔다. 섬유 시장의 경기가 기울기 시작하면서 아버지가 권고사직으로 퇴직하셨기 때문이다. 아버지의 퇴직 후, 어머니는 아버지의 퇴직금을 기반으로 이모와 함께 이태원에 커피숍(그 당시 원두커피 전문점)을 시작하셨다.

신촌에 위치한 '대신교회'는 내가 엄마 배 속에서부터 다닌 교회로 나에게는 제2의 집이자 고향이다. 나는 어려서부터 교회학교 성가대와 솔리스트를 도맡아 했고, 어린이 뮤지컬의 주인공을 맡아 전교인 앞에서 선보이는 등 교회 안에서 다양한 음악 활동에 참여하며 성장기를 보냈다.

당시 대신교회는 서울남연회에 소속되어 있었는데, 서울남연회에서 남태평양에 위치한 피지(Fiji)라는 섬나라에 선교를 시작하면서 비전 칼리지를 설립하고, 부목사님을 선교사로 파송했다. 부모님은 그 피지 선교사님과 가까이 지내셨는데, 선교사님이 피지에서 가까운 이웃 나라 '뉴질랜드' 남섬에 위치한 제2의 도시 크라이스트 처치(Christ church)에서 안식년을 보내실 때, 자영업을 하고 있던 부모님께 계속해서 뉴질랜드에 한 번 와 보라고 권유하셨다. 복지제도가 정말 잘 되어 있고, 딸 가진 부모가 살기에 매우 좋은, 평온한 나라라는 선교사님의 말에 부모님은 이민 답사차 크라이스트 처치와 오클랜드를 방문하셨다. 그러면서 마치 천국의 한 부분처럼 보이는 뉴질랜드 땅으로의 이주를 결심하셨다.

이미 무역업을 통해 수많은 나라를 방문하셨던 아버지에게 영어에 대한 두려움은 없었고, 특히 안전한 나라에서 두 딸을 양육하기에 더할 나위 없이 좋다고 판단하신 모양이다. 그리고 아버지가 이주를 결심하신 데는 또 다른 이유도 있었다. 좋은 뉴질랜드 제품을 한국으로 수출해 본국에 기여하고 싶으셨던 것이다. 그래서 10년을 기약하고 이민을 떠났지만, 한국에 IMF가 터지면서 재이민을 포기하고 계속 뉴질랜드에 살게 된 것이다.

친척들과 눈물의 작별을 하고 출발 입구에 들어서자마자 난 눈물을 그칠 수밖에 없었다. 난생처음 발을 들여 놓은 공항 내부와 세관 통과, 공항 라운지 등은 그야말로 다른 세상이었기 때문이다. 그저 모든 게 너무 신기했고, 특히 비행기에 탑승한 후에는 창밖으로 내려다보이는 짐차와 일꾼들의 풍경, 비행기 내부의 접이식 식탁, 책자, TV 모니터 등 어린 나의 시선을 사로잡는 다양한 구경거리가 정말 많았다. 이 첫 비행을 시작으로 지금까지 수십대의 항공기를 이용해 100여번의 비행을 하게 될 줄은 그때는 예상하지 못했다.

싱가포르를 경유해 수일간의 여행 후 도착한 나라 뉴질랜드는 그야말로 '시골'이었다. 공항에서부터 시내로 이동하는 차 안에서 볼 수 있던 풍경은 푸른 초원과 가축들, 그리고 주택이 전부였다.

"엄마, 언제 시내로 들어가?"라는 질문을 반복한 후 그나마 고층 건물들이 조금 몰려 있는 곳을 지나갔다. 그곳이 오클랜드 도심이란 걸 알게 된 지 불과 몇 분 후, 어떤 다리를 건너자 금세 다시 시골 풍경이 이어졌다. 나중에 알게 된 것이지만, 그 다리가 오클랜드 북부와 남부를 이어 주는 유일한 다리인 '하버브릿지'였다.

뉴질랜드는 그랬다. 높고 푸른 하늘과 그림 같은 구름 아래 자연환경

이 고스란히 유지된 자연 속의 나라! 언제 울었냐는 듯 새로운 곳에서의
생활에 설렘과 기대감이 점점 커져 갔다. 한국에서 작은 아파트에서만 살
던 우리에게 큰 정원이 있는 주택은 마냥 좋기만 했고, 그렇게 뉴질랜드
에서의 삶이 시작됐다.

대한민국을 알리는 사람이 될 거야!

고등학교에 들어가야 하는 언니들과는 달리 중학교에 들어가는 나는 영어를 배우기 위해 미리 랭귀지스쿨에 다닐 필요가 없었다. 물론 한국에서 초등학생을 위한 영어 학원에 잠깐 다니며 "I am a doctor" 수준의 영어만 터득한 나에게 현지 영어는 그야말로 '외계어'였다. 말도 어찌나 빠르고, 발음도 미국 발음과 어찌나 다르던지! 백지 상태부터 다시 시작해야 했다. 하지만 뉴질랜드는 공부보다는 자라는 학생들의 정신 건강과 체력을 우선시하는 나라이기에 초등학교부터 중학교 2학년 과정까지는 학교에서 교실에 앉아 공부하는 시간은 거의 없고, 매일 운동장에서 뛰어 노는 시간이 많아서 큰 어려움이 없었다.

다행히 순박한 뉴질랜드 친구들이 먼저 친근하게 다가와 주었고, 그들과 뛰어 놀다 보니 영어는 자연스레 습득되었다. 예를 들어 친구가 나를 교무실로 안내하며 이리 오라는 손짓과 함께 "Follow me, follow me"라고 하면, '아하, 따라오라는 이야기구나'라고 이해하고 다음번에 그대로 사용했다. 인터넷 사전도 없고, 전자사전도 비쌀 때여서 그저 듣는 대로 배우고, 사용하는 것 외에 영어를 습득할 수 있는 다른 방법이 없었지만 백지 상태였던 내 머릿속은 어느새 새로운 언어로 빼곡히 채워졌다.

휴식 시간에도 밖에 나가서 공놀이, 숨바꼭질, 땅따먹기, 얼음땡 등의 놀이를 하고, 점심시간에도 10분 동안 교실에서 밥 먹는 시간 외에는 나가서 뛰어 놀며 많은 친구를 사귈 수 있었다. 뉴질랜드에서는 현지 백인을 '키위'라고 부르고, 원주민을 '마오리'라고 부른다. 키위 친구들이든 마오리 친구들이든 모두 나와 처음 대화할 때면 꼭 하는 질문이 있었다.

"Where are you from?"(넌 어느 나라에서 왔니?)

그러면 나는 이렇게 대답했다.

"I'm from Korea."(난 한국에서 왔어.)

그러면 그들은 꼭 되물었다.

"Where is Korea? Is Korea Japan?"(한국이 어디에 있어? 한국은 일본이야?)

한국인들한테 뉴질랜드가 생소한 나라였던 것처럼 뉴질랜드인들에게도 한국은 생소한 미지의 나라였다. 그 당시 뉴질랜드에 수입된 대부분의 전자제품과 가전제품이 일본 소니, 파나소닉 등의 제품이었고, 상류층 이외의 서민들은 대부분 일본에서 수입한 중고차를 몰았기 때문에 일본은 꽤 잘 알려진, 인기 있는 나라였다.

그래서 나는 "No, Korea is not Japan. It's right next to Japan."(아니, 한국은 일본이 아니야, 일본 바로 옆에있는 나라야)라고 대답하면 그들은 실망한 표정으로 가 버리곤 했다. 그래서 가끔은 "I'm from Japan."(난 일본에서 왔어)

라고 대답을 해봤는데, 한국에서 왔다고 할 때와 달리 상당히 우호적인 반응을 보이며 쉽게 친구를 하자고 했다. 그럴 때마다 나는 대한민국을 알리는 사람이 되어야겠다는 다짐을 했다.

때마침 오클랜드에 '예당'이라는 첫 한국무용 학원이 세워졌다. 이민자가 조금씩 늘어감에 따라 다양한 직업을 가진 한인들이 이주해 왔고, 그 중 한국무용 전공자들도 들어오게 되었다. 예당 원장님 또한 한국무용 전공자였고, 뉴질랜드에 한국을 알리고자 한국무용 전공자들을 강사로 섭외해 학원을 운영하게 된 것이다. 워낙 춤을 좋아하던 나는 한국을 알릴수 있는 한국무용 학원이 생겼다는 이야기를 듣자마자, 조금의 망설임도 없이 바로 등록을 했다.

한국무용은 다른 춤들과 달리 굉장히 정교하고 난해한 동작이 많은 무용이었다. 하지만 나는 기본부터 부채춤, 장구춤에 꼭두각시까지 하나하나 열심히 연습하며 배웠다. 나는 머리로 하는 것보다 몸으로 하는 것을 더욱 빨리 배우는 사람이었기 때문에 그 누구보다 무용을 빨리 습득할 수 있었고, 곧 같은 팀의 언니들을 제치고 부채춤 솔리스트 자리를 따냈다. 또 가장 어리고 키가 작다는 이유로 꼭두각시에서 각시의 역할도 맡을 수 있었다. 그러면서 오클랜드의 인터내셔널 페스티벌이 열리는 곳마다 공연을 하러 다니게 되었다.

진부하거나 단순한 타국의 무용에 비해 부채춤은 우아하고 화려하여 관객들을 매료시키기에 충분했다. 한 번은 뉴질랜드 전역에 배포되는 가장 큰 신문사인 뉴질랜드 헤럴드지 맨 앞면 헤드라인에 내 얼굴이 대문짝만하게 실리게 되었다.

대학에 진학해서는 '김덕수 사물놀이패'의 일원이자 김덕수 선생님의 제자 선생님이 대학생들을 대상으로 단원을 모집할 때 지원해 장구 주자로도 활동을 했다. 듣는 이들로 하여금 어깨를 들썩이게 하는 한국의 장단은 외국인들의 귀를 사로잡기에 충분했고, 덕분에 우리는 오클랜드 전역을 다니며 연주를 할 수 있었다. 각기 다른 인종과 단체들이 본인들의 팀 의상을 입고 정해진 자리에서 손을 흔들며 행진하는 것이 통상적이었지만, 다른 팀들과 달리 우리는 삼색 띠를 허리 끝까지 조여 매 장구를 몸에 고정하고 행렬의 맨 앞에서부터 끝까지 쉬지 않고 뛰어다니며 연주를 했다.

뉴질랜드의 성탄절은 한여름이다. 그 더운 여름에 땀을 뻘뻘 흘리며 뛰어다니는 것이 보통 일은 아니었다. 하지만 다양한 인종의 수많은 관객이 함께 흥을 나누고 호흡하며 좋아해 주는 것을 보며 우리의 수고가 헛되지 않음을 깨달았다. 이 정도면 대한민국을 홍보하는 홍보대사의 역할을 톡톡히 한 것이 아닌가?

왕따가 아니라, 왕딸

2년의 중학교 과정을 마치고 진학한 고등학교의 분위기는 사뭇 달랐다. 학생들도 선생님들도 학업에 진지한 태도로 임했다. 하지만 한국의 교육 수준에는 미치지 못했기 때문에 조금만 열심히 공부해도 상위권을 유지할 수 있었다. 음악 과목 역시 마찬가지였다. 초등학교 1학년 때부터 바이올린을 시작한 나는 뉴질랜드에서도 좋은 선생님을 만나 꾸준히 레슨을 받았고, 교외(校外)의 여러 오케스트라에도 입단하여 연주력을 향상해갈 수 있었다. 그러다 보니 현지인 친구들에 비해 실력이 단연 뛰어났고, 각종 경연대회에서도 수상을 많이 하게 되었다. 성악을 전공하고, 피아노를 부전공으로 하신 엄마에게서 물려받은 유전자와 어려서부터 음악과 긴밀하게 지낼 수 있었던 환경의 덕이 크다. 악보를 읽고 쓸 수 있을 때부터 한 번 들은 짧은 멜로디를 악보에 바로 그릴 수 있었고, 바이올린으로 연주도 할 수 있었다. 그러나 이런 음악적인 재능을 주신 분이 하나님이심을 알기에 내가 자랑할 수 없음을 고백한다.

상위권의 학업 성적으로 선생님들에게 예쁨 받고, 뛰어난 바이올린 실력으로 학교를 대표하다 보니 많은 모든 친구들의 시선이 곱지만은 않았다. 굴러온 돌이 박힌 돌 뺀다는 표현이 맞을까, 어디서 날아온 동양인이 '나대는' 모양이 보기 싫었는지 나를 멀리하는 친구들이 생기기 시작했다. 내가 모르는 학생들까지 모진 말을 하며 인종차별적 언어와 행동으로 나를 괴롭혔다.

손가락으로 눈꼬리를 올리며, "Ching Chong Chinese~ Go back to your country!"(칭 총 중국인아, 너희 나라로 돌아가라!)라고 하거나 얼굴을 납작하게 눌러 동양인의 얼굴을 표현하기도 했다. "You, Flat Face!"(야, 납작한 얼굴!)

그뿐만이 아니었다. 복도를 걸어가고 있으면 괜히 발을 걸어 넘어뜨리고, 마시던 캔 음료를 던져 교복을 엉망으로 만들기도 했다. 스쿨버스 맨 뒤에 앉아 가는 소위 말해 '잘 나가는' 일진들은 하루가 멀다 하고 온갖 욕설을 퍼부었고, 급기야 머리 위에 껌까지 뱉어 곤욕을 치러야 했다.

이렇게 당하고만 있을 수는 없어 하루는 주임 선생님께 장문의 편지를 썼다. 편지를 쓰면서도 오히려 해코지를 당하지 않을까 걱정했지만, 나를 괴롭힌 학생은 정학 처분을 받았다. 나중에 알게 된 사실이지만 뉴질랜드에서의 인종차별은 엄중한 처벌을 받는 중죄였다.

하지만, 이런 상황들이 반복되면서 나는 점점 왕따가 되었다. 튀는 동양인인 나를 향한 노골적인 인종차별적 언행과 괴롭힘은 줄었지만, 친구들을 정학시킨 장본인으로 소문이 나면서 친구들이 나를 멀리하기 시작했다. 그럴수록 나는 점점 자아 정체성에 혼란을 느끼게 되었다. 뉴질랜드 시민권을 취득한 내가 그들과 동일한 나라에서 동일한 언어로 살아가고 있는데, "너희 나라로 돌아가라"는 말을 들으니 '나는 뉴질랜드인인가, 한국인인가? 나는 정말 한국으로 돌아가야 할까?' 이런 생각을 하며 매우 혼란스러워했다.

정체성을 잃어버린 나는 텅 빈 마음을 채우기 위해 술과 담배에 손을 대기 시작했다. 부모님이 잠든 시간에 몰래 집을 빠져나가 시내 술집으로 향하거나 주류 판매점에서 술을 사서 바닷가에서 마시고 해 뜰 때 집에 들어가곤 했다. 하지만 술과 담배로는 텅 빈 마음을 채울 수 없었고, 그래서 음악에 더 빠져들게 되었다.

'왕따' 신세에서 빨리 벗어나고 싶은 마음에 대학으로 눈을 돌려 돌파구를 찾아보았다. 아니나 다를까 방법이 있었다! 'Provisional Entrance' 라는 잠정적인 입학 유형이 바로 그것이었다. Provisional Entrance는 12학년 성적이 우수하고 실기 오디션을 통과하면 일찍 대학 문턱을 넘게 해주는 제도였다. 그래서 공부도, 바이올린 연습도 열심히 했다. 감사하게도 12학년 초부터 대학교 교수님께 개인 레슨을 받을 수 있어 더 수월하게 준비할 수 있었다. 그 결과 12학년 음악 과목을 뉴질랜드 전체에서 1등을 해 장학금을 받아 오클랜드 대학교(The University of Auckland) 음대에 최연소 나이로 입학할 수 있었다.

대학에 들어가서 나의 삶은 180도로 바뀌었다. 그때까지만 해도 나는 인격적으로 하나님을 만나지 못했기 때문에 내 삶을 내 위주로, 또 내 잘난 맛에 살았던 것 같다. 고등학교 때와는 달리 대학 생활은 나에게 날개를 달아 주었고, 음악적인 재능도, 대학 최연소 입학도 모두 내가 열심히 노력하고 잘했기 때문에 이루어졌다고 굳게 믿었다. 공부와 바이올린 연습도 열심히, 노는 것도 열심히, 교회 활동도 열심히, 모든 방면에서 열심을 내며 젊음을 불태웠다.

나는 우수한 성적으로 1학년을 마쳤고, 음대 과대표로도 선출되었다. 오클랜드에 20여 년간 살면서 기독실업인회(CBMC), 크리스천 라이프 신문사, 시니어 선교회 등 10개 이상의 기독교 단체를 창단하신 아버지를 보고 자란 나는 음대 과대표를 하면서 '장애인 단체를 돕기 위한 일일카페', '연합 MT', '음대 기도 모임', '예울림(음대 한인학생회의 새 이름) 음악회' 등 일을 과대하게 벌이면서 열심을 냈다.

그중 일일 카페는 '밀알 장애인' 단체를 돕기 위한 목적으로 열게 되었다. 음대 학생회의 이윤만을 목적으로 하는 것보다는 구제 사업으로 진행하는 것이 크리스천다운 모습이라 생각했기 때문이다. 우선 날짜를 정하고, 발품을 팔아 대학 근처 시내에 있는 카페들을 일일이 찾아다니며 규모와 날짜, 대여 가능 여부 등을 알아 보았다. 작은 골목인 벌칸 길에 위치한 벌칸 카페가 모든 조건에 부합했다.

사비를 들여 보증금을 내고 바로 계약을 하고, 미술 대학교 친구에게 부탁하여 포스터와 티켓을 디자인하고 인쇄를 했다. 음대 한인 학생들을 모두 동원해 지인들에게 티켓 판매를 하고, 포스터를 한인 업체 이곳저곳에 부착하는 작업을 했다. 메뉴와 가격을 정하고, 업무를 분담했다. 과대표인 나는 당연히 홀 서빙을 맡았다. 카페나 음식점에서 알바를 해본 학생들이 거의 없었기 때문에 준비도, 요리도, 서빙도 많이 부족했지만 우리는 그래도 꽤 성황리에 일일 카페를 마무리하게 되었다. 덕분에 '예울림'의 인지도가 높아졌고, 신문에 기사까지 나게 되었다. 그러나 지금 돌아보면 '밀알 장애인' 단체의 영혼들을 긍휼히 여기는 마음으로 그들을 돕기 위해서 카페를 연 것이 아니라 내가 돋보이고 칭송받기 위해 열었던 것 같다.

그렇다. '음대 기도 모임' 또한 그러했다. 시작은 음대 복음화를 위해서였지만 끝까지 그 자리를 지키지 못한 것은 내가 겉모습만 그럴싸한 크리스천이었기 때문이다. 진정으로 영혼을 사랑하는 마음을 갖지 못한 크리스천의 선행은 하나님께 열납될 수 없는 단순한 행위에 불과한 것이다.

5대째 모태 신앙인인 나는 어려서부터 교회 안에서 성장했고, 교회를 중심으로 생활했다. 조부모님, 부모님과 함께 교회에 다녔기 때문에 주일은 단 하루도 빠질 수 없었고, 항상 리더 그룹에 속해 다양한 역할을 했다. 그러나 그 중심에 예수님은 없는 그야말로 껍데기뿐인 신앙인이었다.

사실, 국적이 어디든 간에 나의 궁극적인 정체성은 '왕딸' 즉 왕 되신 하나님의 딸, 천국 시민인데 나에게 그것을 알려 주는 교회 지도자가 없었다. 이민교회는 대부분 규모가 작고 신앙의 깊이가 깊은 교인이 많지 않아 청소년부의 1.5세대를 이해하고 신앙으로 이끌어 줄 만한 멘토가 딱히 없었다. 내가 청소년 캠프와 미션 스쿨 사역을 열심히 하는 이유도 그들에게 멘토가 되어 주기 위해서이다. 공부를 잘하든 못하는, 친구들한테 인기가 많든 적든, 우리의 궁극적인 정체성은 '하나님의 자녀'이자 '천국 시민'이라고, 내 경험을 통해 그들을 올바른 길로 이끌어 주는 작은 길잡이 역할을 해주고 싶다.

광야 끝에서 마주한 축복의 땅

　　오클랜드 대학교는 한국 대학들에 비해 입학은 쉬운 편이지만 졸업하기는 어려운 학교다. 다른 과들은 복수 전공이 가능하지만, 음대 실기과는 지도 교수님이 복수 전공을 허락하지 않으신다. 이는 많은 분량의 솔로 곡도 완성해 내야 하고, 실내악 팀도 꾸려 연습 및 공연을 해야 하며, 오케스트라 연습의 비중도 커서 매일 하루에 수시간씩 연습해야 하기 때문이다. 게다가 음악사와 음악학, 화성학 등의 이론 과목들에서도 좋은 학점을 받아야 했기 때문에 공부에도 시간을 많이 투자해야 한다. 이렇게 음대에서 실기 전공을 하게 되면, 음악과 연주의 전문가가 될 수밖에 없다. 더구나 한두 살 위의 언니, 오빠들과 경쟁해야 하는 어린 나는 누구보다 더 열심히 해야 했다. 그래서 매일 밤까지 연습실과 도서관에서 살다시피 했고, 좋은 학점을 받으며 진학했다.

그런데 2학년 독주회를 사흘 앞두고 갑자기 왼팔이 마비된 것이다! 연중 평가를 받는 실내악과 오케스트라 및 음대 내의 솔로 연주도 중요하지만, 연말에 있는 솔로 독주회는 다음 학년으로의 진학 여부를 결정하는 가장 중요한 연주회였다. 그렇기 때문에 나는 2학년 독주회를 앞두고 밤낮으로 바이올린 연습을 했다. 그리고 독주회를 사흘 앞두고 반주자 선생님과 맞춰 보며 연주의 완성도를 높이고 있었는데 왼쪽 팔이 굳어지며 극심한 통증이 시작되었고, 팔과 손가락도 움직이지 않게 된 것이다. 너무 놀란 나는 바로 엄마에게 전화를 걸었다.

"엄마, 나 바이올린 연습하는데 갑자기 팔에 마비가 왔어! 너무 아파!"

"그래? 왜 갑자기? 우선 한의원에 가서 침부터 맞아 보자."

부모님과 함께 실력이 좋다는 한의사를 찾아갔다. 인대가 모여 있는 팔꿈치 쪽에 침을 맞아 마비 증상은 호전 되었지만, 통증은 가시지 않았다. 일시적인 증상일 것이라 생각하고 치료를 지속적으로 받았지만 낫지 않았고, 시험 날짜는 계속 연기할 수밖에 없었다. 하지만 침 치료를 쉽게 계속 받았음에도 통증이 지속되어 다른 치료를 병행하기 시작했다. 그러나 시험 날짜를 미룰 대로 미뤘는데도 팔은 완치되지 않았고, 결국 2학년 실기시험을 포기해야만 했다. 팔도 낫지 않고, 2학년 시험도 볼 수 없게 되자 절망감에 사로잡혔다. '내가 유일하게 잘하는 것이 바이올린인데, 바이올린을 못 하면 나는 무엇을 해야 하나?'라는 생각과 '나를 나 되게 해준 것이 바로 내 음악성과 바이올린 실력인데, 이를 못 하면 나는 아무것도 아닌 존재가 되고 말거야'라는 두려움에 매일 밤을 눈물로 지새웠다. 매일 수많은 감정의 소용돌이에 휩싸여 잠을 잘 수 없었던 나는 보드카 병나발을 불다가 잠 들기를 수없이 반복했다

남들이 생각할 때는 재정난, 가정의 위기, 굶주림 등의 극심한 상황도 아닌 그저 바이올린 하나 못 하게 된 것뿐인데 무엇이 그리도 힘들까, 좋은 나라, 좋은 환경에서 살며 공부하는, 복 받은 자의 투정이 아닌가라고 생각할 수도 있지만, 고난은 누구에게나 어떤 상황에서도 찾아올 수 있고, 내가 그 사람의 상황에 처해 보지 않는 이상 판단할 수 없다고 생각한다. 아프리카 난민들도 열악한 상황에서도 행복하게 살 수 있고, 부족함 없어 보이는 재벌도 우울증 때문에 자살을 시도하곤 하지 않는가? 나 역시 이런 시련을 신앙이나 정신력으로 이겨낼 수 있을 만큼 강하지 못했기 때문에 무척 힘든 시간을 보냈다.

부모님은 이민 1세대이시고 교계(敎界)의 마당발이어서 그 당시의 대부분의 한인 교인들과 친분이 있으셨다. 또한, 아버지가 크리스천 라이프 신문사의 발행인이셔서 대부분의 한인 목회자들과도 연락하며 지내셨다. 이러한 나의 부모님이 만나는 교인마다 내 사정을 알리고 기도 부탁을 하셔서, 오클랜드의 모든 한인 교인이 나를 위해 기도를 해주셨다고 해도 과언이 아니다. 특별히 우리 교회 목사님과 성도님들도 새벽기도 시간마다 나를 위해 기도해 주셨다. 사람이 고치지 못하는 병이니 나를 나보다 잘 아시는 하나님께 매달리며 기도해야 했지만, 정작 본인은 기도하지 않고 세상 것에 기대어 허우적거리고 있으니 그 모습을 보시고 우리 교회 권사님 한 분이 이렇게 권유하셨다.

"해나야, 우리가 모두 너를 위해 기도하고 있단다. 그런데, 하나님께서는 누구보다 해나 네 기도를 가장 기다리고 계신단다. 너의 몸을 지으시고, 누구보다 너를 더 잘 아시는 주님께 기도하며 나아가 보자."

그래서 나는 '마지막 방법이다', '밑져야 본전이겠지'라는 생각으로 기도하기로 결심하고 새벽기도회에 나가기 시작했다. 물론 거의 매일 밤을 눈물 또는 술의 힘을 빌려 잠을 청하던 나로서 새벽 시간에 일어나는 것은 결코 쉬운 일이 아니었다. 그런데 새벽기도를 작정한 첫날, 너무도 신기하게 새벽기도 시간에 눈이 떠졌다. 첫날은 긴장하고 잤기 때문이라며 대수롭지 않게 생각했다. 하지만, 그다음날도, 또 그다음날도 신기하게 새벽기도 시간만 되면 눈이 떠져서 교회에 갈 수 있었다.

첫 몇 달 동안은 주님께서 내가 얼마나 큰 죄인인지, 내가 얼마나 죄에 대해 자각을 못하고 살았는지 깨닫게 하셨다. 지금껏 회개하지 못한 죄를 다 기억나게 하시고 철저히 회개하게 하셨다. 마치 뜨거운 태양으로 한 걸음씩 다가갈 때마다 두꺼운 옷부터 얇은 옷까지 하나씩 벗어야 하는 것처럼, 주님께 다가갈 때마다 큰 죄부터, 그동안 죄라고 여기지 못하던 죄까지도 하나하나 벗어던져야 했다.

매일 새벽마다 나를 깨우시고 기도의 자리에 앉혀 놓으시는 주님의 은혜에 정말 감사했고, 또한 기도의 재미를 알게 되었다. 그러던 어느 날, 기도 가운데 주님의 음성을 처음으로 듣게 되었다.

"해나야, 내가 너를 너무나도 사랑하고, 너를 기다리고 있었어."

영어도 한국어도 아닌 내 안에서의 들려오는 강력한 울림이었다.

"하나님, 정말 당신이신가요?"

내가 되물을 때마다 어린 사무엘을 부르시듯 같은 말씀을 반복하셨다. 그제야 이것이 주님의 음성임을 깨닫고 두렵고 떨리는 마음과 더불어 기쁨에 넘치는 마음으로 눈물과 콧물 범벅이 되어 울며 기도했다.

사실, 새벽기도를 처음 시작할 때엔 '하나님이 정말 내 기도를 들어주실까? 아니, 하나님이 정말 계시기는 하는 걸까?' 이런 의심을 하며 시작했는데, 예수님이 의심 많은 도마에게 직접 자신의 옆구리에 손가락을 넣어 보라고 하시며 의심을 해소해 주셨듯이 나에게도 주님의 음성으로 나의 의심을 해소해 주신 것 같다.

기도의 깊이가 점점 깊어짐에 따라 하나님의 마음을 더 깊이 깨닫게 되었고, 확실치 않던 내 마음에 점점 더 큰 확신이 생겼다. 주님의 때가 되면 이 광야의 시간 끝에 축복의 땅이 기다리고 있을 것이라는, 내 아픈 팔을 치유해 주실 것이라는 확신을 갖게 되었다. 그리고 다짐했다.

"하나님, 제 팔을 고쳐주시면, 저 자신의 미래와 명예를 위해 바이올린을 연주하는 것이 아니라 주님을 찬양하는 도구로 사용하겠습니다. 복음을 전하는 바이올리니스트가 되겠습니다."

아픈 팔 때문에 바이올린 실기 학업은 중단해야 했지만, 내가 할 수 있는 공부와 더불어 그동안 배우고 싶던 것들을 배우며 광야의 시간을 기회로 바꾸었다. 음악학과 음악사 등의 필기 과목으로 학점을 채워 나갔고, 댄스와 실용 보컬, 일어, 중국어 과목을 공부했다. 지금 와서 느끼는 것이지만 이 과목들도 지금의 해나리의 사역을 완성하는 데 한몫을 하고 있다. 그 누구보다 특별하게 노래하며 춤추는 바이올리니스트 1세대가 되었고, 자주 방문하게 된 일본과 중국, 대만에서 부족하지만 그 나라의 언어로 현지인들과 소통할 수 있어 선교에 큰 도움이 되었기 때문이다. 이 모든 것이 하나님의 계획 안에 있었음을 고백하며, 한 치의 오차도 없이 완벽하신 하나님을 찬양하지 않을 수 없다.

팔의 통증으로 바이올린을 쉰 지 2년이 거의 다 되어가자, 마음은 또다시 조급해지기 시작했다. 후배들은 치고 올라오는데 조금의 변화도 없는 내 상황 때문에 가끔은 의구심이 들었다. 이렇게 사람의 마음은 갈대

같이 잘 흔들리고 연약하기에 매일같이 말씀과 기도의 끈을 놓으면 안 되는 것 같다.

이런 찰나에 우리 교회에서 부흥회가 시작되었다. 부흥회는 사흘 동안 진행되었고, 강사 목사님은 감리교단 목사님으로 하나님으로부터 치유의 은혜를 입어 목숨을 건지시고, 뒤늦게 목회를 시작하신 할머니 목사님이셨다.

당시 교회 찬양팀으로 섬기던 나는 첫날부터 기대하는 마음으로 부흥회에 임했고, 은혜가 충만했다. 그리고 둘째 날 저녁이었다. 어김없이 찬양이 끝나고 앞쪽에 앉아 있었는데, 목사님이 선포하셨다.

"오늘은 치유의 밤입니다. 마음이나 육신이 아픈 사람이 있으면, 하나님께서 치유로 역사하실 겁니다. 말씀을 들으면서, 또 기도하면서 하나님께서 치유하실 거라고 믿기만 하면 주께서 치유하실 겁니다!"

말이 떨어지자마자 나는 "아멘!"으로 화답했다. 아이와 같은 순수한 마음으로, 조금의 의심도 없는 100퍼센트의 믿음을 드리면 주님께서 치유하실 거라고 믿었다. 그 순간, 내 왼팔에 이상한 느낌이 왔다. 전기가 통하는 듯한 찌릿찌릿한 느낌이 오더니 통증이 가시는 것 같았다. 이상하다 싶어서 옆에 있는 두꺼운 성경책도 왼팔로 들어 보고, 마이크 스탠드도 들어 봤다. 통증 때문에 2년여 간 무거운 것을 들기는커녕 가벼운 바이올린조차 들고 있지 못했는데, 통증 없이 무거운 물건들을 들 수 있게 된 것이다! 그날 밤, 주님께서 광야 같은 2년의 시간 끝에서, 내 기도를 들으시고 기적같이 내 왼팔을 치유해 주셨다. 할렐루야! 너무 기쁜 나머지 눈물 흘리며 바로 무릎 꿇고 엎드려 기도할 수밖에 없었다.

"하나님, 감사합니다! 제 기도를 들어주셔서 감사합니다! 기도를 들으시는 하나님을 찬양합니다! 작은 신음에도 응답하시고, 나와 같이 작은 자에게도 친히 찾아오셔서 사랑한다고 말씀하시고 기적을 베풀어 주시니 감사합니다."

　그날 이후로 바이올린을 다시 잡을 수 있게 되었고, 하나님은 마지막 학년까지 A학점으로 졸업할 수 있는 은혜를 베풀어 주셨다. 그러나 나는 그 어떤 것도 자랑할 수 없다. 2년 동안 매일 기도한 것도 성령님이 도와 주신 것이고, 나를 만나 주시고 변화시키신 분도 하나님이시며, 넘치는 학점과 좋은 실기 점수로 졸업하게 하신 분도 주님이시기에 나는 그 어떤 것도 자랑할 수 없다.

KOSTA와 YFC

코스타(KOSTA)는 KOrean STudents Abroad의 약자로, 3박 4일 동안 해외 유학생을 위해 열리는 신앙 수련회이다. 2000년 뉴질랜드에서도 프리-코스타(Pre-KOSTA)라는 타이틀로 열리게 되었다. 이미 미국, 캐나다, 호주 등의 국가에서 열리고 있었고, 호주 코스타 기간 전, 이웃 국가인 뉴질랜드에서도 시범적으로 개최한 것이다. 나이는 어려도 이미 대학생이었기에 나도 기대하는 마음으로 참석할 수 있었다.

국내에서는 만나기도 어려운 기라성 같은 강사진들의 강연, 말씀과 더불어 유명 CCM 가수들의 콘서트 등으로 구성된 코스타는 3박 4일의 기간 내내 유익하고 뜻 깊은 은혜의 시간이었다. 특히 가수 송정미, 김명식과 피아니스트 이삼열, 색소포니스트 심삼종의 공연은 음악을 하는 나에게 턱이 빠질 정도로 넋이 나가게 한 매력적인 시간이자 나로 하여금 그 무대에 서는 꿈을 꾸게 하는 계기가 되었다.

프리-코스타의 뜨거운 반응에 힘입어 뉴질랜드도 코스타가 공식적으로 자리매김하고, 나도 매해 참여하게 되었다. 특별히 코스타 기간 동안 매번 집회를 섬기는 찬양팀이 초교파적으로 모집이 되어 구성되었는데 나 또한 싱어로, 바이올린으로, 콰이어 팀장으로 섬기게 되어 코스타 기간 수개월 전부터 연습과 기도로 준비하게 되었다. 바이올린으로 첫해를 섬겼을 때는 기존의 어쿠스틱 바이올린에 핀 마이크를 달아 연주를 했는데, 풀 밴드 사운드를 뚫고 나오기엔 역부족이란 걸 경험했다. 그래서 그 이듬해에는 볼륨을 조절할 수 있는 전자 바이올린을 사게 되었고, 이때가 처음으로 전자 바이올린을 연주하기 시작한 때이다.

클래식 바이올리니스트인 나로서는 밴드 음악을 처음 연주해 보는 것이기에 그저 악보에 적힌 멜로디만 연주하는 것이 가능했다. 그러기를 몇 달, 멜로디만 연주하는 것이 지루해져서 화음을 넣었고, 그다음엔 애드리브까지 넣고 싶었지만 어떻게 해야 될지 갈피가 잡히지 않았다. 그래서 하나님께 기도했다.

"하나님, 저도 자유롭게 코드에 맞춰 애드리브로 연주하고 싶어요."

그러던 어느 날, 밴드와 함께 연습하고 있는데, 갑자기 내 의지와 다르게 손가락이 움직여졌고, 바이올린 활과 음을 잡는 손가락이 애드리브 음으로 연주하기 시작했다. 곡과 동떨어진 마구잡이 연주가 아니라 곡과 코드에 어울리는 음으로 연주가 되고 있었다! 나중에 안 사실이지만 그것이 바로 '성령 연주'라는 것, 내 안에 계신 성령님께서 직접 나를 통해 연주하신 것이었다. 그 당시 나는 너무 신기하고 감사해서 눈물로 찬양했고, 이 일을 계기로 이 또한 사람이 하는 게 아니라 하나님께서 하시는 것임을 깨달았다. 이후 성령 찬양의 은사도 받아서, 주님이 가사와 멜로디를 온전히 주도하시는 하늘의 찬양을 하는 것이 가능해졌다.

나에게 코스타는 뮤지션으로 하나님을 만나고 경험하는 계기가 되었고, 이 시점부터 작곡이 가능해진 나는 애드리브를 만들거나 아예 새로운 곡을 쓸 수 있게 되었다. 물론 중고등학교 때부터 클래식 오케스트라, 챔버 오케스트라뿐만 아니라 학교 재즈밴드, 빅밴드에서도 활동하여 여러 장르의 음악을 접했고, 합창단, 중창단 및 Quartet(아카펠라 4중창)에서도 수해 활동했던 것들도 도움이 되었을 것이다. 물론 이처럼 여러 장르의 음악을 풀어 낼 수 있게 하신 것도 주님께서 예비해 주신 거라 고백할 수밖에 없다.

YFC를 통해 하나님의 은혜를 경험한 것도 빼놓을 수 없다. YFC(Youth For Christ)는 십 대 선교를 하는 단체다. 아버지가 십 대 때 YFC활동을 하시며 은혜받은 것을 회상하여 오클랜드에도 YFC 한인 지부를 설립하셨다. 한국 YFC에 선교사 파송을 요청하여 이호택 목사님이 오클랜드로 오셔서 YFC를 맡았고, 나는 첫 스탭으로 섬기게 되었다. 많은 십 대들을 만나며 열정적으로 사역했고, 그중 노래와 춤, 연기 등에 재능이 있는 친구들을 모집해 뮤지컬 크루를 꾸리게 되었다. 그 당시만 해도 기독교 콘텐츠가 그리 많이 공유되지 않았던 때였기 때문에 십 대들의 상황과 정서에 맞는 기독교 뮤지컬이 딱히 없었고, 그래서 나는 내 이야기를 토대로 극본을 쓰게 되었다.

하나님 없이 승승장구하던 바이올리니스트가 어느 날 왼팔을 쓰지 못하게 되어 직면한 바이올리니스트로서의 사형 선고! 그 이후, 하나님께 기도로 매달리는 계기가 되어 영과 육이 회복되는 이야기를 한 가수에 빗

대어 각색하였다. 대부분의 뮤지컬 삽입곡도 내가 직접 작사, 작곡, 편곡하였고, YFC 밴드를 구성해 연습시켰다. 이 모든 작업과 과정이 결코 작은 일은 아니었지만 주님께서 아이디어를 주셔서 작사, 작곡도, 안무도 금방금방 할 수 있었다. 어려서부터 클래식에만 국한되지 않고 여러 장르의 음악을 듣고, 부르고, 연주해 왔던 경험 덕에 다양한 장르의 곡을 쓸 수 있었고, 초등학생 때부터 연극부에서 연기 지도를 받아왔던 경력과 더불어 석사 과정에서 연극학을 부전공하고 있던 터라 연기와 안무 지도까지 직접 할 수 있었다. 이 모든 과정을 통해 나는 다시 한 번 주님께서 예비하시고, 사람을 통해 일하신다는 것을 깨닫게 되었다.

물론 바쁜 석사 과정 중에 뮤지컬까지 도맡아서 총괄한다는 것은 결코 쉬운 일이 아니었다. 항상 그렇듯이 십 대란 어디로 튈지 모르는 질풍노도의 시기라 뮤지컬 크루 내에서도 잠적을 하거나 사랑의 도피(?)를 하는 등 각양각색의 문제를 일으키는 친구들이 많아 문제를 해결하러 다니거나 노래방, 학교, 집 등으로 잡으러 다니는 일도 빈번했다. 그럴 때는 한 사람 한 사람 끌어안고 기도하는 방법밖에 없었다. 하지만 적극적으로 돕는 친구들도 많았다. 그들은 직접 발로 뛰며 홍보하고, 티켓팅을 했고, 부족한 비용을 모금하기 위해 직접 빵을 구워서 판매도 하고, 초콜릿을 판매하기도 했다. 그 결과 이틀 동안 열린 공연 모두 거의 만석에 가까울 만큼 어린이와 십 대들, 어른들이 뮤지컬 공연을 관람하러 와 주셨고, 그날은 전자 바이올리니스트로서 나의 데뷔 무대가 되었다. 오프닝으로 내가 전자 바이올린 연주를 했고, 이 뮤지컬 'The Change'가 주님께서 나를 만나 주시기 위해 허락하신 나의 이야기라는 고백을 했다.

준비 과정 중에 주인공이 바뀌고, 멤버와 극본이 바뀌는 등의 크고 작은 일이 많았지만, 뮤지컬은 두 회 모두 성공적이었다. 또, 뮤지컬을 준비하면서 크루 친구들의 태도와 삶이 바뀌는 과정도 목도하며, 어느 한 가수의 'Change(변화)' 이야기를 그리며 나도, 친구들도 변화가 되는 기적을 체험하였다. 뿐만 아니라 뮤지컬 준비에 몰두하느라 학업에 소홀할 수밖에 없는 상황 속에서도 주님의 도우심으로 석사 과정 또한 우수한 성적으로 마칠 수 있었다. 나는 이 모든 것에 대해 감사하지 않을 수 없다.

세상 음악을 해도 될까요?

　　오클랜드 대학엔 한 해에 네 번의 방학이 주어진다. 물론 그중 두 번은 'Study Break'라고 해서 주요 시험 전 공부와 과제들을 하라고 주어지는 방학이지만 말이다. 왼팔의 마비 증상으로 2년 동안 바이올린을 쉬게 되고 독일 유학의 꿈을 접은 나에게 하나님은 기적적인 치유를 허락하시고, 학사 과정을 우수한 성적으로 마치게 하셨지만 계속 클래식 바이올린을 할 수 있도록 허락하지는 않으셨다. 석사 과정을 이어가기 위해서는 매일 6시간 이상의 연습이 필요했지만, 왼팔의 컨디션이 100퍼센트 돌아오지 않아서 그만큼의 연습량은 무리가 되었다. 그래서 석사 과정은 음대가 아닌 교육 대학원으로 진학하게 되었다. 청소년기에 방황했던 나의 모습을 회상하며 그때 나를 신앙적으로 잡고 이끌어 줄 수 있는 멘토나 선생님이 계셨다면, 중요한 청소년기 때부터 주님을 위해 공부하고, 헌신하여 더 크게 쓰임받을 수 있었을 텐데 하는 아쉬움이 늘 있었다. 그래서 내가 청소년들에게 그런 멘토가 되어 주기 위해 교육학을 공부하기 시작했다.

하지만 전자 바이올린 연주는 놓지 않고 있었기에, 더 깊이 배우고 싶었다. 그래서 뉴질랜드나 한국에서 레슨을 해줄 수 있는 선생님을 찾아보았다. 그 당시만 해도 전자 바이올린이 매우 생소한 악기였기 때문에 내가 알고 있는 영국의 바네사 메이와 한국의 유진 박 외에는 다른 연주자를 찾을 수 없었다. 그 유명한 유진 박이 내 연락을 받아줄까 하고 망설이기도 했지만, 유진 박의 SNS를 찾아 냈고, 그곳에 적힌 연락처로 용기를 내어 국제 전화를 걸어 보았다.

전화를 받은 것은 중년의 남성이었다. 한국말을 유창하게 구사하는 것으로 보아 유진 박이 아님에 틀림 없었다. 그는 다름 아닌 유진 박 매니저였고, 내가 2주의 대학원 방학 기간 동안 한국에 가서 유진 박한테 전자 바이올린을 배우고 싶다는 의사를 밝히자, 감사하게도 흔쾌히 수락해 주었다. 그때부터 방학 때마다 한국에 나가서 그와 함께 연습하고, 연주하고 다시 뉴질랜드로 돌아왔다.

사실 직접 만나 본 유진 박은 광범위한 장르의 음악을 즐겨 듣고 해석하며 연주하는 천재성을 기진 바이올리니스트임은 틀림없었지만 누구를 가르쳐 주거나 지도해 줄 수 있는 상황이 아니었다. 그저 그의 연주를 듣고 따라하고, 애드리브하는 패턴을 익혀 카피하며 발전시켜 나가는 것이 내가 할 수 있는 전부였다. 그래서 매일 연습실에 나가 재즈와 팝 음악을 들으면서 솔로 악기인 색소폰과 일렉 기타의 즉석 연주와 애드리브를 카피하는 연습을 했다. 클래식 연주자는 나만의 템포와 해석으로 솔로 곡들을 연주하기 때문에 박자에 구애받지 않고 따라와 주는 반주에 맞취 연주한다. 그에 비해 드럼 비트에 정확하게 맞춰서 연주해야 하는 실용 음악은 그야말로 나에게 큰 도전이자 과제였다. 그래서 매일 메트로놈을 틀어 놓고 연습하며 내 팔과 손가락 근육을 정확한 박자에 맞춰 길들이는 훈련도 했다.

하나밖에 없는 몸으로 뮤지컬 프로듀싱과 한국 방문, 석사 과정을 모두 소화하기에는 너무 버거웠다. 하지만 그럴 때 일수록 주님께 의지했고, 정말 신기하게도 과제와 시험을 볼 때마다 하늘의 지혜를 허락하셔서 매번 좋은 성적을 받게 되었다. 내가 그 무엇 하나 소홀하지 않고 열심으로 주의 일과 학업을 감당하려고 할 때, 주님께서 나머지 부분을 채워 주신다는 것을 다시 한 번 경험할 수 있었다.

졸업할 시기가 되자 유진 박 매니저가 스카우트 제의를 해왔다. 그는 내가 바이올린 연주뿐만 아니라 노래와 춤까지도 가능한 아티스트라 제2의 유진 박으로 키워 보고 싶다며 아예 한국으로 와서 활동하자고 제안하였다. 하지만 세상 음악 시장에 뛰어든다는 것이 너무나도 두려웠다. 클래식 음악보다는 실용 음악이 더 다양한 연령대, 특히 젊은이한테 더 다가가기 쉬워 음악을 통해 복음을 전할 수 있다는 사실은 이미 깨달은 터라 전자 바이올리니스트로서의 커리어를 상상하고는 있었지만, 찬양이 아닌 세상 음악을 하는 것이 과연 하나님께서 기뻐하시는 일인가가 가장 먼저 고민이 되었다. 그래서 여러 신앙의 선배들과 가족한테 자문을 구하고, 기도 부탁을 했다.

기도의 응답은 'Yes', 'No', 'Wait' 이렇게 세 가지로 구분된다고 배웠다. 기도 응답을 주실 때 간혹 직접적인 계시 또는 환상을 통해서도 주시지만 대부분은 여러 상황과 주위 사람들을 통해 주신다. 이번의 경우는 가족과 교회 신앙 선배님들, 친구들 등 모든 지인이 한국에 가서 도전해 보라고 했고, 주님이 주신 기회일 지도 모른다고, 만약 갔다가 'No' 하시면 다시 돌아오면 되지 않느냐고 권유해 주셨다. 어느 상황도 'No'의 상황이 없었기에 나는 한국 행을 결심했다.

그렇게 한국으로 간 나는 곧 어려움에 부딪혔다. 유진 박은 조울증을 앓고 있었는데, 눈빛은 항상 멍한 상태로 어느 곳을 응시하는지 알 수 없고, 갑자기 눈물을 흘렸다가 또 갑자기 씨익 웃기도 했다. 어느 날 부산 시청 홀에서 사흘 동안 열릴 유진 박 콘서트를 위해 밴드 연습이 있었다. 백두산 밴드의 전 드러머를 포함한 밴드 크루를 꾸려 연습실을 대여해 며칠 간 연습을 했다. 하지만 밴드 마스터도 없고, 제대로 세션도 맞춰 보지도 않고 주먹구구식으로 그냥저냥 밀고 나가는 게 다였다. 유진 박도 연습을 리드할 수 있는 상황이 아니기에, 그 어떤 의견도 나누지 않고 본인 연주만 해나갔다. 그러니 밴드의 합이 맞을 수 있었겠는가?

콘서트는 그야말로 대실패였다. 라이브 밴드보다 오히려 MR 반주에 맞춰 연주한 게스트인 내 순서가 더 빛날 정도였다. 유진 박은 공연 내내 무표정으로 정면만 보며 가만히 서서 연주했고, 밴드랑 엇나갈 때마다 마이크에 대고 "속상해"를 여달아 외쳐 댔다. 결국 비싼 티켓을 사서 무대 가장 가까이에 앉은 VIP들이 모두 불만족스러워 했고, 그 불똥은 유진 박과 밴드로 튀었다.

부산에서의 일정 내내 밴드 멤버들을 제대로 된 숙소가 아닌 찜질방에서 자게 했고, 제대로 된 식사도 제공해 주지 않았다. 매니지먼트 차원에서 질병을 앓고 있는 유진 박에게 적절한 치료와 서포트를 제공해 줬어야 했는데, 그들은 그저 공연을 잡고, 수익을 내는 데만 바빴던 것이다.

유진 박의 조울증의 심각성을 깨달은 매니저의 관심이 나에게로 옮겨 온 듯 했다. 그는 나로 하여금 닥치는 대로 오디션을 보게 했고, 나는 항상 5분 대기조였다. 집에서 머리를 감고 있다가도 지금 당장 달려오라는 전화를 받으면 머리도 제대로 헹구지 못한 채 급히 달려가야만 했다. 대부분의 오디션장은 술집과 재즈바였다.

나는 어떤 준비도 되어 있지 않은 상태에서 그들이 연주를 해 보라고 하면 바로 어떤 장르든 연주를 해야 했고, 노래하고 춤춰 보라고 하면 그 자리에서 노래하고 춤을 춰야 했다. 가끔은 술자리에도 동석해야 했으며, 내가 원하지 않는 트로트나 뽕짝 장르도 무조건 해야만 했다. 매니저는 어떠한 방향성도 제시해 주지 않고, 트레이닝도 시켜 주지 않은 채 무대 위에 서게 하고, 오디션을 보게 하면서 공연 계약서에 명시된 최저 임금 도 제대로 지급하지 않았다.

이런 상황은 너무나 큰 스트레스이자 문화 충격이었고, 나는 이를 견디지 못해 집에만 오면 미친 사람처럼 벽에 머리를 박았다. 뉴질랜드에 계신 부모님과 통화를 하며 울며 뉴질랜드로 다시 돌아가고 싶다고 했다.

사실 세상 음악을 하고자 했던 이유가 예수님을 모르는 세상 사람들에게 복음을 전하고, 주님의 음악으로 치유와 회복을 일으키기 위해서였는데, 그 영향력을 끼쳐야 하는 장본인인 나는 병들어 갔고, 술집 음악가로 전락하기 직전에 이르렀다.

두 달여 간 유진 박을 등에 업고 무대에 서면서 글로 다 표현할 수 없는 죄악 된 일들을 무수히 듣고, 보고, 경험했다. 그 와중에 매니저는 전속 계약서를 가져와 서명하라고 했다. 나는 그 계약서를 뉴질랜드 가족들에게 보내 변호사인 친언니에게 검토해 달라고 했다. 계약서를 꼼꼼히 살펴

본 언니는 계약서에 허점이 너무 많고, 나에게 불리한 항목이 많다고 지적하며, 일단 서명하면 3년 동안 그런 계약에 묶여 있게 된다고 했다. 생각만으로도 너무 끔찍했다. 과연 이렇게 활동하는 것이 하나님께서 기뻐하시는 일일까? 내게 이 죄악 된 세상 음악 시장 가운데서 빛의 역할을 할 수 있을 만한 믿음과 힘과 정신력이 있을까? 오히려 내가 죄로 더 물드는 것은 아닐까? 나는 자문해 보았고, 한 치의 망설임도 없이 'NO'라는 결론을 내렸다. 그리고 서명하지 않은 계약서를 돌려 보내는 것으로 유진 박과 그의 매니저와는 결별했다.

내 첫 '사역'의 날

"하나님, 저 이제 어떻게 해야 하나요? 유진 박 매니저와의 계약도 무산되었고, 세상 음악에 다시 도전할 자신도 없어요. 뉴질랜드로 돌아가야 하나요?"

나는 매일 무릎 꿇을 수밖에 없었다. 이젠 기댈 곳이 하나님뿐이었으니……. 그러던 중에 뉴질랜드에서 섬기던 교회에 전도사님으로 부임을 하셨다가 타국으로 선교를 나가신 선교사님으로부터 연락이 왔다. 잠시 한국에 방문하신 것이었다.

"해나야, 다음주 주일날, 나를 파송한 제암교회에 와서 연주랑 간증 좀 해 줄 수 있겠니?"

"네? 제가 교회에요? 제가 감히 어떻게 교인들 앞에서 간증과 연주를 해요?"

"괜찮아, 잘할 수 있을 거야. 부담 갖지 말고, 네가 하고 싶은 찬양과 하나님이 네 삶에 역사하신 내용을 마음껏 나누렴."

나에겐 너무나도 큰 부담이었다. 왼팔의 치유를 위해 기도했을 때 바이올린을 하나님 찬양하는 도구로 사용하겠노라고 다짐은 했지만, 관객 앞에서 '사역'을 하기엔 내가 너무 준비가 안 되어 있었다. 그래서 더 기도하며 준비하기 시작했다.

먼저 간증문을 준비해야 했다. 하나님께서 나에게 베푸신 기적과 은혜를 글로 적어 말하는 연습을 했다. 또한 대중에게 잘 알려진 은혜로운 찬양을 간증에 맞춰 선곡하고 반주 음악(MR)을 구해 연습했다. 워십 댄스도 안무를 직접 짜서 준비하여 내가 드릴 수 있는 최선의 것으로 드린다는 생각으로 연습했다. 간증 사이사이에 흐름에 맞춰 노래와 바이올린 연주, 워십 댄스를 다채롭게 넣어 은혜가 배가 될 수 있도록 기도하며 기획했다.

드디어 내 첫 '사역'의 날이 왔다. 기도하는 마음으로 단상에 올라가 준비한 사역을 마음껏 펼쳤다. 주님의 도우심이 있었고, 나를 포함한 제암교회의 많은 성도님이 은혜를 받고, 주님을 찬양하는 아름다운 예배가 드려졌다.

공교롭게도 바로 그 자리에 당시 감리교단 '충청 청년관' 관장으로 있던 박정민 목사님도 참석하셨다. 집회가 끝나고 박 목사님과 대화를 나누는데, 은혜를 많이 받으셨다며 나의 사역을 다른 교회에도 소개하고 싶다고 말씀하셨다. 그리고는 충청도에 있는 감리교회 목사님들께 해나리의 사역을 소개하셔서 자연스럽게 교회 사역이 이어졌다. 또, 교회뿐만 아니라 박 목사님의 모교인 목원대학교 채플에도 소개해 주셔서 신학생들 앞에 서게 되었고, 입소문이 나서 '남서울 대학교' 수천 명의 학생들 앞에서도 연주와 간증을 나누게 되었다.

이렇게 노래하는 전자 바이올리니스트 해나리의 사역이 자연스럽게 시작되었다. 소원했던 바 대로 하나님을 믿지 않는 세상 사람들 앞에서도 찬양하고, 복음을 전하게 된 것이다! 주님은 내가 세상 매니지먼트에 의존하지 않고, 하나님만 의지하며 나아가도록 내 길을 인도하셨다.

그 이후로도 박정민 목사님은 나의 스케줄 매니저뿐만 아니라 로드 매니저 역할까지 감당해 주셨다. 사역지에서 사례비도 조금씩 책정해서 주기 시작했는데, 박 목사님은 본인의 수고비는 고사하고 유류비까지 마다하시며 내 사역을 도와주셨다. 그뿐만 아니라 '매형' 되시는 정회덕 목사님도 전라도 지방의 교회들을 소개해 주셔서 사역의 지경이 전국구로 넓어졌다.

이처럼 주께서 예비하신 '목사님'을 '매니저'로 만나게 하셔서 내가 서원한 대로 주님을 찬양하게 하셨고, 꿈꾸던 대로 수많은 세상 사람들 앞에서 주님의 선한 영향력을 끼치게 하셨다.

그러나 여기서 끝나지 않았다. 한 해에 한두 번씩 뉴질랜드 집에 방문했는데, 그때마다 현지 교회와 학교 사역을 주선해 주시는 '키위 매니저'도 붙여 주셨다. 현지 기독 신문사의 기자 출신인 마이클 해밀턴과 침례교단 목사님인 존 에드먼슨이 발 벗고 나서서 현지 사역을 연결해 주신 것이다. 이 두 분도 하나님이 내게 베푸신 은혜였다. 하나님은 나의 달란트를 통해 뉴질랜드 현지인들을 깨우고 싶으셨던 모양이다. 주님이 주신 마음에 순종하여 이름도 빛도 없이 헌신하신 주님의 용사 두 분은 지금 천국에서 빛나고 있으리라 믿는다.

사랑과 이별을 노래하는 세상 뮤지션은
종종 무대에서 공연을 하고 내려가면
공허함을 느낀다고 한다.

나도 그런가?

대답은 '아니오.'

세상 뮤지션은

자기 자신을 드러내고

자신의 영광을 위해

노래와 연주를 하지만

나 같은 사역자는

무대에서 나를 위해 노래하는 게 아니라

주님을 향한 찬양을 하기 때문이다.

우리는 모두 매일같이 죄를 짓는

죄인이다.

앞에 서는 사람이라고

죄를 안 짓는 게 아니다.

'하나님, 이 죄인을 용서하소서.
나 같은 죄인도 이렇게 앞에 세워
사용하시는 하나님…….
주님의 놀라운 은혜에 감사하며
그저 무릎을 꿇고
용서를 구합니다.'

'나 같은 죄인 살리신
주 은혜 놀라워
잃었던 생명 찾았고
광명을 얻었네.'
Amazing Grace를 무릎 꿇고 연주하며
주님께 집중하는 시간을 갖는다.
회개의 시간이자
회복의 시간이다.

그래서 나는 무대에서 내려가면
공허함을 느끼는 게 아니라
은혜가 더욱 충만해진다.

PART 2

매니저 한 명만 붙여 주세요

"안녕하세요, 노래하는 전자 바이올리니스트 해나리 입니다! 서울에서 케이티이 에엑~쓰 타고 왔어요!"

나주에 위치한 시골 교회 사역에서 내가 한 첫인사다. 전국 방방곡곡을 다녀야 하는 나 같은 사역자들에게는 Korea Train eXpress가 생겨서 얼마나 감사한지 모른다. 전국 팔도 어느 곳이든 하루 만에 다녀와야 하는데, 무궁화호 같은 일반 열차로 왕복 10시간을 오간다고 생각하면 정말 끔찍하다. 내가 악기와 의상, 장비 등을 가지고 서울역에서 KTX를 타고 지방에 내려가면 매니저 목사님이나 초빙하신 교회 성도님이 마중 나와 계신다. 그리고 차로 교회까지 이동한다.

사역 초반엔 장비가 그리 많지 않았다. 전자 바이올린 한 대에 라인 하나가 다였다. 전자 바이올린은 항상 음향 시스템에 연결해야만 소리가 나는 악기이기 때문에 음향 장비의 여부가 확인된 곳만 갈 수 있다. 또 대부분의 한국 교회에는 웬만한 스피커와 앰프, 믹서 등이 이미 구비되어 있다. 하지만 KTX에서 내려서 자동차로 한참을 이동해 들어 온 이곳, 나주의 시골 교회에는 스피커도, 앰프도, 믹서도, 찾아볼 수가 없었다. 그저 마이크 하나가 꽂혀 있는 기타 앰프 한 대 밖에 보이지 않았다.

기타 앰프도 음향 기기이기 때문에 음향 장비가 있다고 하신 말씀이 맞기는 맞다. 한 번도 본 적 없는 전자 바이올린이 어떻게 소리가 나며, 뭐가 필요한지 일반인이 알 리가 없다. 기타 앰프 한 대만으로는 사실상 연주가 불가능했다. 하지만 그냥 돌아갈 수도 없어 나는 주님께 지혜를 구했다.

"하나님, 이 열악한 음향 상태에서 어떻게 공연을 진행할 수 있을까요? 바이올린 소리도, 노래 소리도 제대로된 소리가 나지 않습니다. 어떻게 하면 좋을까요?

바이올린에 라인을 연결해서 기타 앰프 한 곳에 꽂았다. 그랬더니 소리가 나긴 나는데, 드라이브가 잔뜩 걸린 전자기타 소리가 났다. 이미 꽂혀 있던 마이크에서도 전자 기타 소리가 났다. 최대한 이펙터 레벨을 줄여 거친 드라이브 소리를 줄였는데도 악기 본연의 아름다운 소리나 예쁜 노래소리가 나오기를 기대하기는 어려웠다.

'최상의 아름다운 소리는 아니지만, 그래도 소리는 나오니 공연은 할 수 있겠네..!'라고 생각하며 뮤지션으로서의 자존심(?)을 모두 내려놓고, 그 시골 교회에 모이신 동네 어르신들만 생각하며 계속 준비를 하고있는데, 또 다른 문제가 생겼다! 기타 앰프의 두 슬롯(잭을 꽂는 구멍)을 이미 다 사용해서 반주용 음악(MR)을 재생할 장치 를 꽂을 슬롯이 없었다. 이대로

라면 반주도 못 틀고 생 연주와 노래만 해야 한다!

다른 방법이 없을까 하고 강대상을 열심히 찾아보니 새벽 기도 배경음악을 재생하는 CD플레이어 작은 게 하나 있었다. 그래서 교회의 낡은 컴퓨터를 빌려 인터넷에 올려 놓은 MR을 다운받아 CD에 구웠다. 그러고는 CD플레이어에 넣고 틀었는데, 소리가 터무니없이 작았다. 그래서 교회 집사님 한 분께서 내가 바이올린을 연주할 때는 마이크를 CD플레이어에 대고 계시고, 또 내가 노래할 때는 마이크를 내 입에 대고 계시며 '인간 마이크 스탠드' 역할을 해 주셨다.

준비하느라 시간을 많이 뺏겨 저녁 식사도 못한 채 이미 시작할 시간이 되어 성도님들과 동네 어르신들이 모이기 시작했다. 20여 명이 들어와 앉으니 교회가 이미 꽉 찼다. 이렇게 작은, 관객이 코앞에 앉아 있는 곳에서 연주하는 것은 처음이라 눈을 어디에다 두어야 할지 몰라 어색했다. 성도님들께 초청받아 오신 동네 어르신들은 무슨 트로트 가수가 온 줄로 알고 계셨다. 그래서 신나는 곡 위주로 선곡해서 연주를 시작했다. 노래도, 바이올린도, 반주 음악도 모두 전자 기타 소리가 났지만, 이런 희귀한 악기와 구경거리가 처음이었기에 모두 손뼉 치며 즐거운 시간을 보냈다.

그런데 연주 도중 갑자기 어르신 한 분이 일어나 앞으로 나와서 춤을 추시는 게 아닌가? 밭일 끝나고 약주를 드신 게 분명하다. '어떻게 해야 하지?' 잠깐 고민하다가, 에라 모르겠다 하고 연주를 하며 그 어르신과 함께 춤을 췄다. 신나게 춤을 추신 어르신이 객석으로 들어가시기 전에 나한테 무언가를 건네주셨다. 천 원짜리 두 장이었다. '왜 이런 걸 주시지?' 하는 생각에 거절할까도 싶었지만, 나는 그냥 "감사합니다! 배춧잎도 받습니다!" 하고 오히려 농담을 덧붙여서 넙죽 받아버렸다. 할머니들의 '까

르르' 웃음소리와 박수가 터져 나왔다. 만약 내가 그 자리에서 거절하고 받지 않았다면 분위기가 차가워지고, 또 약주 드시고 춤추신 어르신도 멋 쩍어하셨을 것이다. 생각해 보면 교회에서 사역자가 연주를 하면서 팁을 받는다는 것은 말도 안 되는 일이다. 하지만 믿지 않는 어르신이 난생처 음 교회에 발을 들여놓으시고 기분이 좋으셔서 작은 성의를 연주자에게 표했는데, 화를 내거나 거절을 한다면, 그분도, 안 믿는 다른 분도 교회에 대해, 예수님에 대해 좋지 않은 마음을 가지고 다음에는 교회에 발도 안 들여 놓으실 가능성도 크다. 순간의 판단이었지만, 주님이 주신 사랑의 마음이 표현된 듯하다.

전자기타 소리가 나는 공연과 간증 집회가 끝나니 너무 허기졌다. 성도님들이 준비해 주신 저녁 식사 음식 외에도 공연을 만끽하고 은혜를 받으신 동네 어르신들이 파전, 잡채 등 맛있는 전라도 음식을 가져오셨다. 즐겁고 고마운 마음을 그렇게 표현해 주신 것이다. 생각 해보면, 이런 곳에서 공연의 퀄리티가 뭐가 중요한가? 그저 마음이 통하고 주 안에서 기쁘고 즐거우면 주님도 기뻐하시리라 믿는다.

"주님, 기뻐 받으셨나요?"

그날 이후 나는 사역이 끝나고 나서 항상 이렇게 여쮜 본다. 매번 내 사역이 주님이 기뻐 받으시는 예배가 되었다면 나는 그걸로 족하다.

교회에서 꽃바구니를 크게 만들어서 차에 실어 주셨다. 그리고 기차역에 데려다 주시는 성도님이 KTX기차 바로 앞까지 내 짐과 바이올린, 꽃바구니를 들어 주셨는데, 문제는 내 손이 두 개라 한꺼번에 모든 짐을 기차에 실어 올리지 못했다. 그래서 기차 계단을 몇 회 오르락내리락하며 짐을 다 싣고 출발했다. 서울역에 도착해 내릴 때도 몇 회에 걸쳐 짐을 다

내렸는데, 도저히 꽃바구니와 바이올린, 장비, 가방을 모두 들고 이동을 할 수가 없었다. 정말 감사한 선물이지만 어쩔 수 없이 꽃바구니를 역 직원에게 맡기고 갈 수밖에 없었다.

특히 지방에 가면 배 한 상자, 블루베리 한 상자, 사과 한 상자 등 여자 혼자 들 수 없는 특산물을 선물로 가끔 주셨다. 그럴 때마다 죄송하지만 아예 가져가지 못하거나 택배로 부쳐 주시길 부탁드렸다. 그래서 나는 이런 상황이 반복되자 매니저를 구하는 기도를 드렸다.

"하나님, 힘이 세고 음향을 좀 만질 줄 아는 매니저를 한 명 또 붙여 주세요"

그러자 주님께서 곧 기도 응답을 해 주셔서 차가 있고, 독실한 크리스 천인 음향 전문가 박종한 매니저를 붙여 주셨다. 그 이후로는 꽃바구니도 특산물도 거뜬히 싣고 다닐 수 있었다. 그리고 음향이 열악한 사역지를 대비해 장비를 하나둘씩 사들여서 지금은 간단한 조명까지도 가지고 다닌다.

"사역자는 모든 상황이 맞춰주기를 바라지 않고 모든 상황에 맞춰가야 한다."

맨토 크루와의 만남

사역을 하면서 하나님께서는 그때마다 소중한 만남을 허락하셨다. 멘토 크루와의 만남이 그렇다! '힙합 선교단 멘토 크루'는 2000년도에 류한상 단장님에 의해 창단된 힙합 선교단으로 힙합과 비보이, 스트릿 댄스 등 현시대의 유행하는 춤을 통해 대중에게 복음을 전하는 팀이다. 90년대 보이 그룹 출신인 단장님이 하나님을 만나 세상 문화를 뒤로하고 본인의 달란트인 '춤'으로 선교를 시작하게 되었다.

어려서부터 춤에 큰 관심을 갖고 있던 나는 너무나도 멋지고 현시대적인 춤을 추는 팀인 멘토 크루에게 빠질 수밖에 없었다. 멘토 크루의 팬이 된 나는 다소 소화하기 어려웠지만, 그들의 안무를 커버해 춤을 추었다. 그러던 중 나는 멘토 크루가 뉴질랜드를 방문한다는 소식을 들었다. 일주일 동안 교민들을 대상으로 댄스 워크숍이 열렸고, 멘토 크루의 공연도 이틀 동안 했다. 그들의 대단한 팬이었던 나였기에 단장님과 직접 만나 악수도 하고 대화도 나누었다. 한국에 가게 되면 꼭 멘토 크루에 입단하겠다고 이야기했다.

한국에서 사역을 시작한 지 2년쯤 됐을 때 'The Present'라는 기독교 문화 단체에서 연락이 왔다. 그 단체는 나에게 해외 공연 사역을 하러 함께 가자는 제안을 하였다. 크리스천 가수, 아나운서, 미스코리아, 전자 바이올리니스트, 댄스 팀이 연합하여 필리핀 현지인들에게 문화 공연을 통해 주님을 알리고자 하는 계획을 갖고 모두 한자리에 모여 첫 만남을 가졌다.

약속 장소인 명동의 한 건물 5층에 올라가 보니 많은 관계자가 모여 있었는데, 그중에 익숙하고 눈에 띄는 사람이 몇 명 보였다. 다름 아닌 바로 멘토크루였다! 연예인같이 잘생긴 외모에 카리스마 있는 모습이 6여 년 전 뉴질랜드에서 봤던 멘토 단장님 모습 그대로였다. 너무 반가워서 기쁘고 설렜지만, 단장님이 나를 기억 못 하실 게 뻔해서 인사도 못하고 그저 바라만 보며 앉아 있었다.

각 팀의 퍼포먼스와 선교 브리핑이 끝난 뒤 멘토 단장님이 나에게 다가오셨다. 내 퍼포먼스와 연주가 너무 파격적이고 인상적이었다고, 멘토와 함께 협업하자며 말을 건네셨다. 그제야 내가 대학생 때부터 멘토 크루의 팬이었고 뉴질랜드 공연에 참석했다며, 한국에 나오게 되면 멘토 크루를 찾아갈 것이라고 약속했던 이야기도 나누며 반가움을 표현했다.

필리핀 문화 선교를 위한 준비와 연습을 함께 하는 과정 가운데 멘토 크루를 더 깊이 알게 되고, 멤버들이 합숙하고 있는 숙소에도 가 보게 되었다. 멘토 크루는 인천 부평구 갈산동에 사무실과 연습실이 있었고, 그

주변 작은 빌라에 여자와 남자 숙소에서 합숙 생활을 하고 있었다.

작은 방 세 칸짜리 빌라에 11명이 비좁게 합숙을 하고 있었고, 개인적으로 후원자를 모집해 어렵게 생활비를 충당하며 살고 있었다. 일주일에 한 번 양재에 위치한 '영일교회' 권사님들이 대량으로 음식을 만들어 주시는 것으로 끼니를 해결했고, 전기료와 세제 값을 절약하기 위해 매일 손빨래를 하며, 핸드폰 요금도 체납되어 끊기기 일쑤였다. 매일 아침 연습실에 모여 예배를 드리고, 성경 공부를 하며, 밤늦게까지 연습에 또 연습을 거듭하며 일과를 보냈다.

멘토 단원 중 춤을 정식으로 배운 단원은 없었고, 그저 주님의 사랑과 은혜에 감사해 모두 집을 떠나 영혼 구원을 위해 모든 걸 내려놓고 선교에 올인하고 있었다. 사역이 있는 날에는 낡은 스타렉스 세 대에 의상과 음향, 영상, 조명을 싣고 사역지까지 이동했으며, 장거리 사역지까지 가는 길에는 휴게소 음식 값이 비싸 식사도 거르고 가는 게 일상이었다.

연습실과 사무실은 '영일교회' 장로님 한 분이 운영비를 감당해 주셨기 때문에 운영이 가능했지만, 사역지에서 책정되어 헌금하시는 사례비로는 주유비와 숙소 월세, 공동 정비비 등을 감당하기에도 벅찼다. 멘토 크루의 컨텐츠로 세상 공연을 했다면 교계에서 책정된 사례비의 10배 이상을 받을 수 있을 텐데, 복음을 위해 목숨을 건 이들은 주님이 주시는 은혜대로 이렇게 살아가고 있었다.

화려한 무대 모습 뒤로 알게 된 멘토 크루의 생활은 나에게 엄청난 도전이 되었다. 손에 쥐고 있는 게 없으니 주님만 의지하며 살아가는 이들이 진짜 예수쟁이이자 선교사였다. 실로 이렇게 살아가는 이들에게 하나님은 직접적인 은혜의 체험을 많이 허락하셨다. 20대에 불과한 이들에게 치유와 예언, 방언의 은사를 주셨고, 부족한 물질도 때마다 직접 채우시는 은혜를 경험하게 하셨다.

힙합과 비보이, 스트릿 댄스, 스킷 드라마 등을 통해 다가갈 수 있는 연령층은 다양하다. 월요일마다 인천 연습실에서 운영되는 피셔스 클럽(Fisher's Club)은 인천에 오갈 데 없는 청소년들을 타겟으로 만든 거룩한 댄스장이다. 자퇴하거나 가출한 청소년들, 문제아, 놀기 좋아하는 아이들을 초청해 탄산음료와 간식을 무료로 제공하며 춤추며 놀 수 있는 클럽을 운영하는 것이다. 물론 댄스만이 전부는 아니다. 멘토 크루가 매주 직접 꽁트를 준비해 그들의 마음 문을 열고, 스킷 드라마로 하나님 말씀을 재미있게 전한다. 단원들이 돌아가며 노래 또는 춤을 통해 특송을 하고 헌금 순서도 마련한다. 단출하지만 예배의 형태를 다 갖추며 그들만의 방법으로 청소년들에게 조금씩 기독교 문화를 전파하는 것이다.

멘토 크루는 교회 아동부, 청소년부, 청년부, 장년부를 망라하고 교회 사역에 열심을 내며, 전도 축제와 새신자 초청 잔치, 미션 스쿨, 수련회, 군 사역 등 거리와 사례비를 제한하지 않고 어느 곳이든 순종하며 가서 사역한다. 또한 매 해 국내 아웃리치를 간다. 한 달의 기간을 잡고 인천부터 팔도를 돌며 사람이 많이 모이는 곳에서 노방 공연을 하고, 복음을 전한다. 아웃리치 도중 연결이 되는 교회에서 사역도 하고, 그 교회 마룻바닥에서 자는 것도 서슴지 않는다. 20여 명의 많은 인원을 수용할 수 있는 숙소를 얻는 것이 교회 측과 멘토 크루 측 모두에게 쉽지 않기 때문에, 한 달여 간 그렇게 강행군을 해낸다.

하나님은 내가 멘토 크루와 함께 국내, 국외 사역을 감당하는 과정에서 사역에 대해 많이 배우게 하셨다. 이들을 만나며 내려놓음과 진정한 사역자의 삶을 깨닫게 하시고, 그 길을 걷게 하셨다.

"사역자는 나를 부인하고 내 안의 예수그리스도만 사시게 하는 것이다."

해나리 음반 내다

2년 간 음반 없이 기존에 있는 곡으로 사역하러 다니던 나는 나만의 음반의 필요성이 절실해졌다. 그동안 여러 교회 장로님 또는 목사님이 음반을 내 주시겠다고 하셔서 계속 기다렸지만, 제대로 된 음반 한 장의 제작비용이 어마어마하게 들기에 선뜻 도움을 주지 못하셨다. 그러던 중에 청소년을 위한 유스 코스타의 주 강사로 오셔서 인연이 닿은 조 목사님이 친분이 있는 프로듀서 한 분을 소개해 주셨다. 세상 음악을 하는 프로듀서지만 독실한 크리스천이라 나랑 잘 맞을 거라고 말씀하시면서 말이다.

강남에 위치한 작업실에 들어가니 텔레비전에서만 보던 깔끔한 작업실에 어마어마하게 큰 음향 콘솔과 여러 음향 기기들이 있었다. 녹음실엔 몇 번 가 보았지만, 그런 작업실은 처음 간 거라 눈이 휘둥그레졌다. 작업실 안에는 야구모자를 쓰고 키가 큰, 얼굴이 작고 잘생긴 연예인 같은 외모의 남자가 한 명 있었다. 바로 최영호 프로듀서였다.

"안녕하세요? 저는 전자 바이올리니스트 해나리라고 합니다. 말씀 많이 들었어요!"

"아, 네. 안녕하세요? 저는 최영호 입니다…"

처음엔 사무적으로 차갑게 대해서 거리감이 들었다. 하지만 앨범 진행에 대해 자세히, 조곤조곤 설명해 주며 대화를 이어가다 보니 그의 따뜻한 마음과 더불어 전문성이 느껴졌다.

작곡 작사비, 편곡비, 스트링 편곡비, 세션비, 녹음실 비용, 녹음실 엔지니어 비용, 믹스 비용, 마스터링 비용, 자켓 디자인 비용 등등……. 보통 CCM 앨범은 저렴하게 작업을 해야 하기 때문에 실제 악기를 사용하지 않고 가상 악기로 음원을 만들지만, 최 PD는 절대 그렇게 퀄리티 떨어지는 음반 작업을 할 수 없다고 했다. PD님과 작업 하려면 스트링을 포함한 실제 악기로 다 녹음하고, 믹스, 마스터도 좋은 녹음실에서 해야 된다고 했다. 최 PD님과 마음이 맞았던 부분은 하나님께 드리는 앨범이니 최고의 것으로 드리자는 것이었다.

수천만 원의 비용은 내가 감당할 수 없는 큰 액수였다. 그래서 부모님과 이모께 천만 원씩, 그리고 내가 조금씩 모은 돈을 보태서 음반 진행을 시작했다. 2007년 12월에 있을 사역에 출시하는 것을 목표로 11월 초부터 진행이 되었다. 사실 음반 제작 과정은 아래와 같이 여러 단계를 거쳐야하고 복잡하기 때문에, 한 달 만에 음반 하나가 나오는 것은 불가능한 일 이었다. 먼저 정규 앨범에 들어갈 11곡을 작곡가들한테 받거나 직접 작곡을 해야 하고, 곡이 나오면 각각 편곡을 맡겨야 한다. 그리고나서 편곡을 토대로 드럼, 베이스, 기타, 전자 기타, 피아노 또는 건반, 스트링, 코러스, 바이올린, 보컬 녹음을 하고, 녹음이 끝나면 튜닝과 믹스 작업에 들어가야 한다. 믹스 후 마스터링을 하는 사이에 앨범 자켓 사진 촬영과 디자인 작업을 해야 하고, 가사 오타 등 최종 확인 작업을 마치면 음반 회사로 프레싱을 위해 넘기는 과정을 거쳐야 한다.

이 많은 과정을 한 달 안에 진행해야 했는데, 연말이라 사역 스케줄 또한 너무 많았다. 그래서 사역이 없는 날은 작업실에서 밤을 새워야 했고, PD님 또한 외부 작업을 하나도 못 받고, 내 음반 작업에만 올인해야 했다. 내가 사역 스케줄을 감당하고 있는 동안에는 PD님이 곡을 받고, 또 직접 곡을 쓰거나 편곡을 진행했다.

앨범의 타겟 연령층은 기독교인과 비기독교인 젊은 층이었기에 R&B, 하우스(House), 발라드, 힙합, 어쿠스틱, 락 테크노 등 다양한 장르로 구성했다. 연주곡과 노래의 발란스를 적절하게 맞추고, 특별히 연주곡에는 코러스에 복음적인 가사를 넣어 비기독교인도 은연중에 주님을 느낄 수 있도록 노력했다. 어떤 곡은 멜로디를 짜고 녹음을 하는 데 총 12시간이 걸렸고, 어떤 곡은 믹스 바로 전날까지도 편곡가가 편곡을 끝내지 못해 최PD가 밤을 새우며 하루 만에 편곡을 완성하기도 했다. 또한, 어느 날은 내가 강원도 태백과 포항에서의 사역 스케줄을 마치고 서울로 돌아와 밤11시부터 새벽 4시까지 보컬 녹음을 해야 했으며, 편곡이 자정에 끝나서 파일을 담은 USB를 들고 택시를 타고 믹스를 하러 녹음실에 가야 하는 상황도 있었다.

국내 최고의 작 편곡가들, 세션들, 녹음실, 믹스 마스터 기사님들과 진행을 하다 보니 처음 예산에서 많이 벗어난 것은 당연한 일이었다. 하지만, 최 PD가 여태까지 쌓아 온 인맥과 도움 준 것들을 내 앨범을 진행하면서 최대치로 활용하고, 본인의 프로듀싱 비용과 작곡비, 편곡비 등을 하나도 받지 않고, 최대한으로 처음 예산에서 많이 벗어나지 않게 진행해 주셨다. 또한 11월에 주님께서 많은 스케줄을 허락하셔서 몸은 힘들었지만, 추가 비용을 다 채워 주셨다. 여호와 이레의 하나님!

한 달여 동안의 사역과 음반 작업의 강행군에 몸은 너덜너덜해 졌지만 감기 한 번 걸리지 않게 지켜 주신 주님께 감사할 수밖에 없었다. 음반 마스터링이 끝나고 따끈따끈한 CD를 손에 들었을 때는 정말이지 감동의 눈물이 왈칵 쏟아졌다. 뮤지션에게 있어서 정규 음반 발매는 마치 아이를 한 명 낳는 것과도 같다는 이야기가 있듯이 프레싱된 앨범이 나왔을 땐 내 소중한 아기인 마냥 기쁘고 감격스러웠다.

내 앨범이 '비주류' CCM 앨범일 수 있다. 샛노란 커버의 연주 위주의 앨범에다 여느 연주 앨범처럼 배경 음악으로 틀어 놓을 수 있는 잔잔한 음악이 주가 아닌 젊은 층이 좋아하는 다양한 장르의 음악들로 구성이 돼 있기 때문이다. 그래서 선배들의 우려 목소리가 있었다.

"돈 많이 들여서 앨범을 냈는데 사람들이 더 많이 사고, 들으면 좋지 않겠니?"

"쉽게 들을 수 있는 음악 앨범으로, 잔잔하고 은혜로운 곡들로 구성하면 더 좋지 않았겠니?"

하지만 그런 음악들은 이미 많이 나와 있다. 그래서 나는 누가 들어도 좋은 퀄리티의 CCM 곡이 많이 나와야 한다고 생각했고, 젊은 층이 선호하는 음악, 또 비기독교인도 거부감 없이 들을 수 있는 음악도 있어야 한다고 생각했다. 그래서 사실, 일반 사람들은 식별하기 어려울 수도 있지만, 내 앨범은 뮤지션들이 듣고 퀄리티를 인정해 주는 앨범으로 소문이 났고, 비기독교인에게 선물로 사주시는 분이 많다.

어차피 전자 바이올린은 기독교계에서 비주류이다. 수익을 많이 내고 명성을 크게 얻는 것보다는 주님이 원하시는 사역을 하는 것을 목표로 이 길을 걷는 것이, 채우시고 일하시는 하나님을 경험하는 지름길인 것 같다. 사역자는 내 사역을 내가 정하는 게 아니라, 주님이 정해 주신 사역을 해야 한다.

1집 앨범을 내고 2집 앨범을 발매하기까지는 꽤 오랜 시간이 걸렸다. 우선 1집 앨범에 든 제작 비용을 갚아 나가는 데 한참 걸렸고, 또 2집 앨범 제작을 위한 비용을 모으는 데도 시간이 걸렸기 때문이다. 앨범 판매 수익금은 철저하게 다음 앨범을 위해 재투자하는 데만 쓴다는 철칙을 갖고 모았지만, 음반 시장이 이전 같지 않아 더뎌진 것이 사실이다. 예전과 같이 테이프와 CD로밖에 음악을 들을 수 없을 때라면 모를까 지금처럼 음원을 쉽게 공유하고, 다운받고, 스트리밍하는 시대에 앨범을 판매한다는 것은 국내 탑 가수가 아닌 이상 거의 불가능했다. 하지만 나는 활발하게 사역하고 있어서 사역지에서 집회 마치고 현장 판매를 할 수 있었다. 은혜받은 성도님들이 차에서 듣는 용도로, 또 전도용으로 CD를 사주시니 얼마나 감사한지 모른다. 요새는 CD를 천 장 팔기도 어렵다는데 나는 1집부터 총 만 장 이상 찍었으니 비주류 앨범치고는 꽤 선전한 편이라 하나님의 은혜라고밖에 고백할 수 없다.

돌아보면 내 1집 앨범에 세션과 피쳐링, 믹싱 등으로 참여해 주신 뮤지션들이 다들 굉장히 유명해지고 잘 된 것 같다. 대표적으로 '나는 가수다' 등 탑 음악 프로그램에서 드러머로 활약하시는 강수호, 탑 베이스 세션이 된 최훈, 가수 테이와 함께 그룹 핸섬피플로 활동하는 전자 기타리스트

엄주혁 등의 뮤지션이 있다. 대중은 잘 모를 수 있지만 참여 작곡가 중 현재 탑 가수들이 서로 히트곡을 받으려는 작곡자들이 꽤 된다. 그중 대표적인 작곡자는 1집 앨범 프로듀서인 최영호와 Light House(김태성)이다.

김태성은 미국에서 다양한 음악을 들으면서 자라 당시 한국에서 시도하지 못하는 음악을 과감하지만 거부감 없이 표현해 내는 탁월함을 갖고 있다. 학창 시절 부모님의 반대로 Light House라는 가명을 사용했지만, SM 소속 그룹 소녀시대, 동방신기, 샤이니 그리고 비, 휘성, 이승철 등의 국내 탑 가수들의 곡을 작곡 및 프로듀싱까지 하는 실력파 작곡자로 인정받았다. 이런 김태성이 내 1집 앨범 첫 곡 'Lover of my soul'을 감미롭게 편곡해 줘서 연이 닿았고, 독실한 크리스천인지라 2집 앨범 프로듀싱도 부탁했다.

해나리 음반 제작에 대한 이야기에서 빼놓을 수 없는 분이 있다. 바로 황미나 작가이다. 첫 앨범 자켓은 해나리 캐릭터를 일러스트로 표현하였기에 사진이 별로 필요 없었다. 하지만 자켓 디자이너와 두 번째 앨범 컨셉을 잡을 때 내 얼굴 사진을 주로 쓰기로 해서 전문적인 사진 촬영이 필요했다.

"하나님, 저 사진 촬영을 멋지게 해야 하는데, 재정은 별로 없지만 전문 사진 작가와 촬영해야 해요. 주님이 예비해 놓으신 작가를 붙여 주세요."

나는 간절히 기도하고 SNS에 공지를 올렸다.

'해나리 두 번째 앨범이 출시 준비 중에 있습니다! 자켓 사진을 찍어야 하는 데 정보나 도움 줄 수 있는 분!?'

아니나 다를까 며칠 뒤에 황미나 작가한테서 연락이 왔다. 내 소식을 전해 듣고 기도하는데 하나님이 찍어 주라고 하셨다고! 당시엔 잘 몰랐지만 황 작가는 엄청 유능하고 잘 나가는 포토그래퍼인 데다가 기도하면서 작업을 하는 독실한 크리스천이었다.

'할렐루야! 여호와 이레의 하나님!'

앨범 컨셉이 'The Promise', 즉 '주님의 언약'이어서 노아에게 언약의 증거로 세우신 일곱 빛깔 무지개를 표현해 내고자 내 머리색과 바이올린 색을 매 장마다 변경해 삽입해야 했기 때문에 얼굴 클로즈업 사진이 많이 필요했다. 그래서 전문적인 메이크업 아티스트도 필요했는데 황 작가가 자주 같이 작업하는 분을 소개해 줘서 아주 저렴한 가격에 멋진 메이크업도 받을 수 있었다. 최고의 퀄리티로 하나님께 드리고자 하는 내 마음을 아시고 최고의 실력자들을 최선의 상황으로 붙여 주신 주님! 나중에 더 많은 동역자 CCM 가수를 소개해 줘서 황 작가가 찍어 준 사진 덕에 CCM 앨범 자켓의 퀄리티가 높아졌다.

두 번째 앨범의 디자인을 맡아 준 멘토 크루의 댄서이자 디자이너인 명진 자매는 멘토의 모든 제작물 디자인을 총괄했다. 본인의 시간을 모두 할애하여 밤샘 작업을 감수하며 단기간에 자켓 디자인을 완성해 주었다. 남편인 범섭 형제는 수록곡 '2J(예수께로 가면 sampling)'의 뮤직비디오를 촬영부터 편집까지 총괄해 맡아 진행해 주었다. 이렇게 많은 도움의 손길을 거쳐 두 번째 앨범이 완성되어 갔고, CD 프레싱과 자켓 인쇄만을 남겨두고 있었다. 그런데 2,000장 인쇄를 거의 마칠 무렵 서울 미디어에서 전화가 왔다.

"해나리 씨, 잠깐 인쇄소에 와 보셔야겠어요. 종이가 잘리는 과정에서 가루가 자켓 커버에 좀 떨어졌는데, 이대로 그냥 가도 괜찮은지 와서 봐 주세요."

디자이너와 함께 인쇄소로 뛰어갔다. 인쇄된 CD 자켓을 보니 초록색 가루 같은 게 커버에 떨어졌는데 하필 커버가 클로즈업된 얼굴이라 얼굴에 두드러기가 미세하게 난 것처럼 보였다!

"다른 사진이면 모르겠는데 하필 얼굴이라……. 이렇게 가면 좀 곤란할 것 같아요."

"그렇죠? 2,000장 전부 그런 건 아니고 일부가 이렇게 나왔네요. 죄송해요. 어쩌죠?"

처음부터 다시 인쇄가 들어가려면 또 수일 걸릴 테니 태국 날짜에 못 맞출 게 뻔했다. 절망적인 상황에서 기도했다. '하나님, 태국 영혼에게 찬양을 들려 주려고 많은 이들이 밤샘 작업을 하면서 이 앨범을 작업 했는데, 태국에 못 가져가면 어떡해요? 도와주세요. 어떻하면 좋을지 지혜를 허락해 주세요.' 그리고 다음날 서울미디어에서 전화가 왔다. 우선 2,000장 중에 종이 가루에 영향을 안 받은 앨범을 골라 줄 테니 먼저 태국에 가져가라고 하셨다. 그리고 다녀올 동안 새로 2,000장을 찍어 주시겠다고.

역시 주님은 나를 도우시는 분이다. 주님의 선하신 계획에 따라 선한 방법으로 인도하신다. 결과적으로 2,000장을 찍는 값으로 3,000여 장의 앨범을 얻게 됐다. 그래서 거저 얻은 만큼 해외 사역지에서는 복음을 전하는 목적으로 거저 나누어 주었다. 모두의 수고가 헛되지 않게 역사하신 주님을 찬양한다.

"사역자가 최고의 노력으로 최고의 것을 드리면 주님께서 받으시고 최선의 것으로 베풀어주신다!"

아가씨~ 이리 좀 와 봐~

국내 전역과 해외로 사역하러 다니면서 참 다양한 일을 많이 겪는다. 집회 시간이 길어질 땐 기차 시간이 빠듯해져서 기차역까지 위험하리만큼 빨리 이동해야 하는 상황은 빈번하고, 비행기 시간을 놓쳐 비싼 요금을 내고 다음 비행기를 타야 하는 경우도 있다. 한 번은 교통체증이 심한 출근 시간에 기차역까지 매니저와 차로 이동을 해서 간당간당하게 기차 시간에 맞춰 주차했다. 주차장에서 짐을 들고 막 뛰어 기차 앞에 도착했는데, 알고 보니 가장 중요한 바이올린을 차에 놔 두고 오는 바람에 기차를 못 탄 경험도 있다. 백령도에 군사역을 하기 위해 배를 타고 들어갔을 때 갑자기 태풍이 몰려와 육지로 가는 배가 뜨지 않아 강제로 1박을 한 경우도 있다. 또, 신경주로 가는 막차를 타야 하는데, 비슷한 시각에 다른 플랫폼에 전라도로 가는 기차가 있어 급한 마음에 그 기차에 올라타 한숨

자고 일어나 보니 외딴 곳에 가 있던 경험도 있다.

여름 휴가철에는 말할 것도 없다. 청소년, 청년 캠프가 모든 학교 방학이 겹치는 2주 안에 대부분 열리기 때문에 하루에 2-3개의 캠프 스케줄을 감당해 내야 한다. 하지만 지역 이동을 해야 하는데 휴가철과 겹쳐서 고속도로가 마비 상태가 된다. 수백 또는 수천 명의 캠퍼가 기다리는 캠프장에 시간 맞춰 도착하기 어려우면 어쩔 수 없이 갓길을 이용해야 한다. 그러다가 경찰한테 걸린 횟수도 꽤 많다. 겨울철엔 꽁꽁 얼어붙은 비포장도로를 달리다가 미끄러져 사고가 난 적도 있고, 눈사태 때문에 캠퍼들이 캠프장에 도착조차 하지 못해 캠프가 하루 지연된 경우도 있다. 그럴 때마다 주님께 의지하며 기도하는 수밖에 없었다.

지방 임원 연합 세미나에 여러 팀과 함께 초청되어 갔을 때의 일이다. 임원 세미나는 지방 교회의 집사님부터 장로님까지 모두 참석하는 대규모 세미나여서 여러 사역 팀이 초청되었다. 온종일 열리는 세미나의 중간 휴식 시간에 도착을 해서 무대를 보고, 세팅하고 있었다. 무대에서 가까운 앞쪽은 장로 지정석이어서 몇몇 장로님들이 아직 자리를 지키고 앉아 계셨다. 원래 음향 테스트와 리허설을 할 때는 관객이 없는 빈 홀에서 진행해야 수월하지만, 이런 대규모 연합 세미나에서는 그렇게 하기 어려워서 관객이 홀에 있어도 그냥 리허설 진행을 해야 한다. 나와 다른 팀의 여성 사역자들이 무대 쪽에서 이야기를 나누고 있는데 갑자기 이런 소리가 들렸다.

"아가씨~! 아가씨~! 이리 와 봐~!"

설마 우리를 부르는 소리일까 싶어서 개의치 않고 리허설을 진행하려고 하는데,

"어~이! 아가씨~! 이리 와 보라고~!"

다시 소리가 들리는 게 아닌가? 뒤를 돌아보니 장로 지정석에 앉아 계신 장로님 한 분이 손짓하며 우리를 부르는 것이었다. '아가씨'라는 호칭이 '미혼녀'인 우리에게 해당되는 게 맞긴 맞지만, 부르시는 어감이 마치 홀 서빙하는 웨이트리스를 부르시는 것 같았다. 나뿐만 아니라 같이 있던 후배 여성 사역자들 역시 몹시 당황스러워했다. 그래서 그중 가장 선배인 내가 그 장로님께 걸어갔다.

"장로님, 무슨 일이세요?"

"뭐 하러 온 사람들이야? 노래하러 왔어?"

"아니요. 장로님, 찬양하러 온 사역자들입니다. 이따가 열심히 같이 찬양해 주세요."

내 대답에 머쓱해지셨는지 바로 다른 곳으로 가 버리셨다. '아직까지 많은 교회에서 찬양 사역자의 존재감이 미비하구나~! 더 열심히 뛰어야겠네!' 기분이 상한 후배 사역자들에겐 이렇게 말했다.

"우리 기분 풀자 우리의 호칭과 구원과는 관계가 없잖아. 개의치 말고, 하나님만 찬양하자!"

보통 교회에 초청받아 가면, 목사님과 장로님들이 가장 앞자리에 앉아 박수 치며 은혜 받으신다. 신앙의 연차가 가장 오래되고, 연륜이 깊은 어르신들이라 젊은 자매가 강단에서 간증하고, 찬양하는 것이 과연 은혜가 될까 싶은데도 "아멘, 아멘" 하며 주님이 세우신 사역자를 존중하고, 주님의 말씀으로 받아들이시는 그 마음 밭이 과연 깊은 신앙의 성숙도를 나타내는 것 같다.

전자 바이올린을 무선 기기에 연결하고 나서부터는 라인에 얽매이지 않고, 자유자재로 이동하고 움직이며 연주를 할 수 있게 되었다. 관객과의 친밀함과 호흡을 위해, 또 처음 보는 전자 바이올린을 더 가까이에서 볼 수 있게 하기 위해 연주 도중 객석으로 한 번씩 내려간다. 내려가서 연주하면서 관객들과 셀카도 찍고, 객석에 잠깐 앉아서, 또는 관객 바로 옆에서 (특히 어린 아이들과 함께) 연주하기도 한다. 그렇게 해도 보통 교회에서 연주할 때는 큰 사고가 안 일어나는데, 비기독교인들을 위해 교회가 주최를 하여 여는 야외 음악회나 비기독교인들이 80퍼센트 이상 오는 군 교회에서는 가끔 사고가 난다.

의령군의 한 교회에서 지역 주민을 위한 야외 콘서트를 열었다. 나는 비신자들한테 쉽게 다가갈 수 있는 연주자이기에 주최하시는 교회 목사님이 나를 콘서트 메인게스트로 초청해주셨다. 한여름 밤 개울가 옆에 설치된 야외 무대 주변에는 제대로 된 대기실도 없었다. 그럴 땐 차에서 시원한 에어컨을 켜 놓고 대기하는 방법이 최고다.

내 순서가 되어 무대로 나가서 연주하는데, 무대를 향해 밝게 비치는 조명 아래 수백 마리의 벌레 떼가 모여들었다. 연주할 땐 입을 다물고 있으니 얼굴로 달려드는 벌레만 피하면 되는데, 노래할 땐 벌레가 대책이 없이 입으로 들어간다. 보기에 우스꽝스럽지만 노래 한 소절 하고, 벌레를 뱉어내고, 또 한 소절 하고 뱉어내고를 반복해야만 한다.

그런데 벌레를 피해 객석으로 내려갔을 때의 일이다. 객석을 이곳저곳 누비며 지역 주민들과 가까이 연주를 하고 있는데, 갑자기 누가 내 엉덩이를 만지는 것이 느껴졌다! 너무 깜짝 놀란 나는 바로 뒤를 돌아봤다. 그랬더니 어떤 남자 어르신이 헤벌쭉 웃으시는 게 아닌가! 물론 무대 의상 치마 속에는 속치마와 레깅스 바지를 꼭꼭 껴입는다. 그렇다 하더라도 이

것은 절대 일어나면 안 되는 확연한 성추행이었다. 순간, 너무 큰 수치심에 주저앉아 엉엉 울고 싶었다.

하지만 만약 내가 그렇게 해 버린다면, 이 모든 행사는 수포가 되고 경찰이 오면서 행사장이 범죄 현장(?)이 될 것이 아닌가!? 나의 순간의 판단과 선택으로 오랫동안 이 행사를 기획하고 투자해 오신 목사님과 교회는 지역 주민들과 더 멀어질 수도 있었다. 짧은 순간에 이런저런 생각들이 내 머릿속을 스쳐 지나가는 동안 나는 연주를 멈추지 않았다. 그리고는 나를 매우 예뻐하신 우리 친할아버지가 떠올랐다.

'저 어르신도 내가 얼마나 예뻐 보였으면 그러셨겠어. 예수님이 당하신 수치와 모욕에 비하면 이것은 아무것도 아니지.'

이렇게 생각하며 내 마음을 달랬다. 그래서 그날 행사는 별 탈 없이 잘 끝났고, 그 이후로는 비기독교인 어르신들 대상의 행사 때는 무대 위에서만 공연하는 지혜를 얻었다.

"사역자는 영혼 구원을 위해서라면 수치심과 모욕감도 견뎌내야 한다."

미션 스쿨 사역

　기독교 정신을 기반으로, 선교를 목적으로 설립한 초중고대학 미션 스쿨이야말로 복음 전파의 황금어장이다. 기독교에 대한 이미지가 좋지 않아 전도 자체가 어려운 이 시대에는 특히 더 그렇다. 현재 한국기독교 학교연합회에 회원인 초중고교만 해도 130여 개이고 대학교까지 합하면 꽤 많은 수이다.

　미션 스쿨에는 정기적으로 갖는 채플 시간이 있다. 전교생이 예배를 드리는 시간이다. 보통은 학교에 계신 교목님이 설교를 하시는데, 분기에 한 번씩 문화사역자 또는 아티스트를 초청해 문화 예배를 드린다. 아무리 미션 스쿨이라 해도 비기독교 학생이 80퍼센트 이상을 차지하기에 그들의 마음 문을 열기 위한 목적으로 특별한 예배를 드리는 것이다. 학교 측에서는 젊은 층들이 쉽게 다가갈 수 있는 찬양 사역자를 주로 섭외하기에 나 같은 젊은 아티스트가 초청되어 가서 학생들을 만나게 된다.

　보통은 전교생이 한꺼번에 예배드리지만, 학교 강당이 전교생을 수용할 수 있는 크기가 아닌 학교는 학년별로 나눠서 드린다. 어떤 학교는 교내 식당이 가장 큰 공간이어서 큰 테이블 몇 개를 붙여 불안하게나마 무대를 만들어 예배를 드린다. 또, 어떤 학교는 근처 대학교 강당 또는 교회 예배당을 대여해서 채플을 진행한다. 이렇게 외부에서 진행할 땐 음향과 영상을 설치할 때 대학교나 교회의 협조를 받고 협력해야 해서 어려움이 많다. 하지만 학교 측에서 설립 목적을 잊지 않고 어렵더라도 채플을 꾸준히 진행하고 있어서 고마울 뿐이다.

　내가 연주하러 무대에 올라가면 가장 뜨겁게 반응하는 학생들이 여자 고등학생이다. 중학생 땐 십 대의 시기에 적응하는 중이라 친구들의 눈치도 많이 보고 아직 아기 같은 면이 남아 있는데, 고등학생이 되고 나면 어느 정도 눈치도 생기고 자기 주관이 뚜렷해져 내면의 감정을 가장 많이 표출하게 된다. 신나는 곡을 연주할 땐 박수 치면서 흥분해서 멜로디를 따라 부르기도 하고 피날레로 댄스 비트의 빠른 곡을 연주할 때 올라와서 다 같이 춤추자고 하면 서슴없이 무대로 올라와 자신의 끼를 발휘하기도 한다. 곡이 끝날 때마다 우레와 같은 환호성과 박수갈채로 화답하고 간증할 때는 방청객 리액션을 보이며 크게 "아멘" 하기도 한다. 정녕 이런 리액션이 온전히 주님을 향한 게 아닌 그때의 감정 표출일지라도 채플 시간에 자거나 거부하지 않고 이렇게 집중해 주는 학생들이 너무 기특하다.

　중·고등학교와는 달리 대학교 채플은 분위기가 완전 다르다. 모든 대상을 통틀어서 가장 어려운 사역이 미션 스쿨 대학교 채플 사역이다. 대학생 역시 비기독교인이 90퍼센트 이상이고 자기 주관이 가장 뚜렷해진 나이여서 미션 스쿨의 필수 과목인 채플 시간을 가장 못 견뎌 한다. 서울의 몇몇 대학에서는 채플 폐지 운동이 심각하게 벌어질 정도로 채플 시간을 대놓고 싫어한다. 또한 출석 체크를 위해 대부분의 대학교 채플실 좌석이 지정석이라 얼굴도 잘 모르는 학생 사이에 앉아 채플을 들어야 하기 때문에 집중이나 호응은커녕 대놓고 귀에 이어폰을 꽂고 스마트폰 삼매경에 빠진다.

'몇백 명 또는 몇천 명의 젊은 층이 모여 있는 곳에 이렇게나 반응이 없을까? 내가 뭔가를 잘못한 걸까? 나는 대학교 채플은 안 맞나 보다'

나는 처음 대학교 채플을 섬기고 나서 실의에 빠졌는데, 마치고 나서 학생들이 개인적으로 내 SNS나 유튜브 계정에 찾아와 '채플이 항상 이랬으면…', '역대 채플 중 최고!', '너무 재밌고 멋있어요!', '아까는 옆 사람 때문에 제대로 반응 못 했는데, 속으로 엄청나게 크게 박수 치고 있었어요' 등의 코멘트를 달아 주는 것을 읽고, '아… 이들이 싫어서 표현을 안 한 게 아니라 옆 사람이 모르는 사람이어서 반응을 못 한 거구나. 속으로는 좋아하고 있었구나!'라고 깨닫게 된다. 채플 시간에 하는 공연은 벽에다가 대고 연주하고 이야기하는 것 같아 에너지가 두 배 이상 들고 힘들지만, 이 또한 귀한 사역이라 여기며 계속 대학교 채플을 진행해 왔다.

'한국의 음향 업체는 교회가 벌어 먹인다'라고 할 정도로 대부분 교회 몇몇 학교 등의 기관에 음향 시설이 갖춰져 있다. 최근에는 거금을 들여 디지털 장비로 교체한 곳도 꽤 많다. 하지만 문제는 기술 인력이다. 디지털 기기의 기능을 모두 활용하기는커녕 제대로 소리 나게 제어할 기술이 있는 음향 엔지니어가 없는 곳이 대부분이다.

학교는 더 심각하다. 방송반을 담당하는 선생님도, 교목님도, 또 그 밑에서 섬기는 방송반 학생들도 음향과 영상의 기본도 모른 채 섬기는 경우가 대부분이다. 게다가 음향과 영상을 재생하는 곳이 바로 옆이 아니라 멀리 떨어져 있으면 뮤직 비디오에서 음향 소스를 재생해야 되는 곡들을 제대로 실현해 내기 어렵다. 아무리 내가 최소한의 필요한 음향 장비와 케이블을 갖고 다닌다 해도 체육관 넓이의 프로젝터 케이블이나 멀티 탭을 가지고 다닐 수는 없기에 힘든 경우가 많다.

체육관에서 예배를 드리는 어느 고등학교에서의 일이다. 채플 사역 전에 교목님께 미리 필요한 케이블과 테이블, 전기 코드 등을 시작 시간 1시간 전에 준비해 달라고 이야기해 놓고, 비가 주룩주룩 내리는 약속한 날에 채플 사역을 하러 갔다. 1시간 미리 간다고 해도 음향과 영상 장비를 학교 기기에 연결해서 설치하고, 음향 체크하고, 학교 찬양팀이 연습할 시간을 비워 주려면 1시간이 턱 없이 부족하다. 하지만 나와 매니저가 도착했을 때는 교목님도 방송반도 아무도 없었고, 그들이 나타났을 때는 이미 30분이 지난 후였다. 그리고 방송반 친구들이 체육관에 오자마자 학교 찬양팀을 위한 세팅을 하기에 바빠 정작 초청 아티스트인 내 장비를 설치하는 데는 신경을 못 썼다.

매니저와 나는 최대한 빨리 설치해 보려고 노력했지만, 미리 요청한 장비 중 대다수가 준비되지 않아 방송반 학생이 가져오기까지 또 기다려야 했다. 비가 많이 내리는 통에 장비를 가지러 간 학생이 더 늦어지고, 또 시작 시간 20분 전부터 학생들이 속속들이 체육관에 도착해 소통이 더 어려워져 결국 시작할 때까지 설치가 안 됐다.

"목사님, 저희가 1시간 전에 도착했는데, 지금까지 설치가 안 됐습니다. 바이올린 소리 자체가 나지 않습니다. 어떡하면 좋을까요?"

이미 학생들과 선생님은 모두 도착해 있었고, 예배 시간을 더 미룰 수 없었다.

"일찍부터 오셨는데 정말 죄송합니다. 제가 더 철저하게 준비했어야 했는데, 음향을 잘 몰라서 실수했네요. 이번 신앙 수련회가 내일까지 계속되니 혹시 내일 한 번 더 와서 해주시면 안 될까요?"

목사님이 조심스레 내게 물으셨다. 새벽같이 일어나 씻고 화장과 헤어 세팅하고 매니저와 의상과 장비를 싣고 열심히 달려왔는데, 공연을 아예 못 하다니! 여태까지는 사역지에 가서 어떻게든 부족한 대로 공연을 했었는데 이렇게 공연을 못 하고 돌아간 적은 처음 있는 일이었다. 하지만 감사하게도 학교 신앙 수련회 기간이라 하루 더 기회가 있어 귀한 영혼들 앞에서 찬양할 수 있었기에 흔쾌히 다음날 다시 가서 사역했다.

무선 기기와 소형 믹서가 든 하드케이스, 여러 종류의 케이블과 어댑터가 든 가방, CD상자, 의상과 메이크업 가방, LED 의상, 전동 보드, 식사와 음료를 챙겨 안동의 어느 고등학교로 향하고 있었다. 차로 한 번도 쉬지 않고 계속 달리면 3시간 반에서 4시간 걸려 도착하는 거리다. 고속도로를 달려 한 반쯤 갔을까? 매니저가 나에게 물었다.

"해나 씨, 바이올린은 해나 씨가 챙겼죠?"

"네? 저는 가벼운 가방 두 개만 챙긴 기억밖에 없는데요? 바이올린은 두 대가 들어있는 무거운 케이스 안에 있어 매니저님이 항상 챙기시잖아요!?"

급한 대로 갓길에 차를 세우고 트렁크와 뒷좌석을 확인해 봤는데 가장 중요한 바이올린이 없는 것이다! 이대로 계속 가면 사역을 아예 하지 못하게 되고 서울로 돌아갔다가 가자니 시간이 너무 늦게 된다. 그래서 바로 담당자 선생님께 전화를 드려 자초지종을 설명했다.

"학생들이 너무 기대하고 있어서 오늘 꼭 오셔야 됩니다. 교장선생님께 말씀드려 채플 시간을 몇 교시 늦춰 보겠습니다. 꼭 전자 바이올린 소리를 우리 학생들한테 들려 주세요."

우리는 서둘러 차를 돌려 다시 서울로 향했다. 잠시 후 전화가 왔을 땐 교장선생님도 동의하셔서 모든 학년의 수업 스케줄을 변경하여 채플 시간을 늦췄다고 말해 주셨다. 정말 감사하고 죄송했지만 결국 서울로 돌아가 바이올린을 가지고 다시 안동으로 열심히 내려가서 그 학교 학생들을 만났다. 기다리고 변동이 있었던 만큼 학생들은 폭발적으로 반응했고, 하나님도 역사하셨다.

이렇듯 내가 실수를 해도 귀한 채플 사역을 주님께서 이끌어 가신다. 한 명의 어린 영혼이라도 돌아오길 바라며 기다리시는 하나님의 마음을 깨닫고 지금까지 꾸준히 채플 사역을 감당해 오고 있다.

"사역자는 자신이 박수받고 환영받는 곳이 아닌 하나님의 뜻이 계신 곳을 향해 가야한다."

내가 바로 군통령!

"탈모! 탈모! 탈모! 탈모!"

"왼발! 왼발! 왼발! 왼발!"

"어두운 밤에 캄캄한 밤에 새벽을 찾아 떠난다~."

군 교회에 가면 어디서나 들을 수 있는 구호와 찬양이다. 탈모는 모자를 벗으라는 의미로 노래 박자에 맞춰 모자를 들었다 놨다 하며 외치는 구호이고, 왼발은 줄지어 행진할 때 발을 맞춰 걸으며 외치는 구호이다.

군 교회 역시 미션 스쿨과 같이 황금어장이다. 훈련소 내에 있는 군 교회는 특히나 더 그렇다. 훈련소 특성상 훈련병이 처음 겪게 되는 군 생활에 적응하지 못해 정신질환을 앓거나 자살 기도 하는 것을 예방하는 차원에서 종교 활동을 의무적으로 해야 한다. 그렇기 때문에 특정한 종교가 없는 훈련병도 불교, 천주교, 기독교 중 하나를 택하여 참석해야 한다. 예전에는 교회에서 초코파이 등의 간식거리만 제공해도 훈련병이 교회로 몰렸는데 타 종교에서도 초코파이 및 그 이상의 간식거리를 제공하기 시작하면서 점점 서로 경쟁하게 됐다. 이런 훈련병에게 여성 CCM 가수가 와서 앞에 서서 함께 찬양하고 공연하는 것은 그들을 교회로 발걸음하게 하는 데 큰 역할을 한다.

훈련병은 약 두 달 후에 자대 배치를 받아 이동하기 때문에 두 달 단위로 새로운 훈련병이 들어온다. 그래서 어떤 군 교회에서는 여덟 개의 여성 CCM 사역팀을 섭외해 두 달에 한 번 주기로 초청한다. 교회에서 여성 팀을 섭외하는 것에 맞받아쳐 어느 군 법당에서는 섹시 댄스 추는 그룹을 섭외해 논란이 되기도 했다. 그래서 군 교회에서도 솔로 가수보다는 팀을 선호하지만, 나 같은 경우엔 노래와 연주, 랩, 레이저 퍼포먼스 등 다양한 콘텐츠를 보여 줄 수 있어 많은 군 교회에서 섭외가 들어온다.

대부분 군부대가 교통이 좋은 도심이 아닌 첩첩 산골에 위치해 있어 차로도 찾아가기 어렵다. 게다가 보안상의 이유로 정확한 위치가 내비게이션에 나오지 않아 교회 관계자와 부대 밖에서 만나 함께 출입해야 한다. 그뿐만 아니라 나는 뉴질랜드 국적을 가진 외국인이라 출입 몇 주 전에 외국인 거소증 및 연락처 등 세세한 정보를 미리 보내야 신원 확인 절차를 거쳐 출입할 수 있게 된다. 여러모로 불편할 수 있는 사역지이지만 여성 사역자만이 할 수 있는 특별하고 필요성이 큰 사역이기에 군인 영혼들을 만나 쓰임받는 것 자체가 정말 감사하다.

군 교회도 여러 종류이다. 재밌는 사실은 부대가 얼마나 도심에서 멀리 있는지에 따라 군인들의 호응이 다르다. 도심과 가까이 위치한 부대에서 복무하는 군인은 휴가를 얻어 나가거나 근무 중에도 시내에 나가게 되면 여자를 많이 보는 편이다. 그런데 도심에서 먼 산골짜기나 섬에서 복무하는 군인은 좀처럼 젊은 여자를 마주치기 어렵다. 그래서 여성 사역자가 교회에서 찬양한다고 가면 수많은 군인이 몰려들고 호응도 어마어마하게 크다. 특히 해병대는 특유의 직각 박수로 유명하다. 음악과 공연이 좋아서라기보다 자존심을 지키기 위해 남보다 더 크게 소리 지르고 박수 치는 것 같다.

한 번은 추운 겨울날 강원도 산골에 있는 군 교회에 갔다. 체감 온도가 영하 20도로 떨어진 날씨였다. 군인들은 부대별로 무리지어 함께 움직이기 때문에 예배 시간 40분 전부터 예배당에 도착한다. 그래서 나는 두 시간 정도 미리 가서 세팅과 음향 체크를 하고 대기실에서 환복과 메이크업 등의 공연 준비를 한다. 그렇게 미리 도착한 교회 안은 몹시 추웠다. 장갑을 벗고 바이올린을 켜는 것 자체가 불가능해 손을 입안으로 쑥 넣어 호호 불고 연주하다가 다시 차가워지면 다시 입안에 넣어 불기를 반복했다. 이런 겨울 날씨에 사역지에 가게 되면 손난로를 몇 개씩 챙겨가야 하지만, 그날은 손난로도 소용이 없었다. 어렵사리 음향 체크를 마치고 많은 사병을 만날 기대감으로 준비를 했다. 예배 시간이 다 되어가자 예배당이 채워지기 시작했고, 사람의 열기로 인해 따뜻해져 갔다. 드디어 내 순서가 돼서 연주하며 무대에 오르자 고막을 뚫을 것 같은 함성이 터져나왔다. 역시 외진 곳에 있는 부대라 호응 소리가 더 큰 듯했다.

분위기가 무르익어 신나는 곡을 연주하고 있는데 갑자기 앉아 있던 사병들이 하나둘씩 무대로 올라오더니 나를 둘러싸고 춤을 추기 시작하는 것이다. 한두 명이 나오니 질세라 더 많은 사병이 나와 무대를 꽉 채워 흥에 겨워 춤을 추는데 연주하고 있는 나에게 점점 가까이 다가오며 춤을 추는 것이었다! 마치 정글에서 원숭이 떼가 덤벼드는 듯한 느낌이었다. 이 렇게 하다가는 내 몸에 닿아 곤란해질 수 있겠다 싶어서 순간 어떡할까 생각하며 주위를 둘러보니 멀찌감치 서 있는 키 큰 헌병들이 눈에 들어와 그들을 뚫어져라 쳐다보며 눈으로 사인을 보냈다.

'도와주세요! 도와주세요! 헬프미!'

그러자 내 절실한 생각을 읽었는지 헌병들이 앞으로 뚜벅뚜벅 걸어 나 왔다. 그러고는 무대에 있는 무리를 해산시키기 시작했다.

"들어가 앉습니다. 지금 바로 자기 자리로 들어가 앉습니다!"

더 춤추며 즐기고 싶은데, 그러지 못해 아쉬운 얼굴을 하며 사병들이 자기 자리로 돌아가 앉았다.

'휴~ 다행이다. 연주를 멈출 수도 없고 참 곤란했는데, 위험한 일이 생 기지 않아 다행이다.'

안도의 한숨을 쉬며 공연을 이어갔다.

그리고 백령도에 있는 군 교회에서도 당황스러운 일이 일어났다. 그 교회를 설립하고 후원하는 교회에서 나를 초청해서 성도 30여 명과 함께 위문품을 들고 백령도행 배에 올랐다. 도착해서 위문품을 건네고 위문 공 연을 준비했다. 사뭇 좁은 공간에 수많은 군인들이 함께 했고, 역시나 뜨 거운 반응으로 공연을 관람했다. 여느 때와 다름없이 간증을 시작하는데, 수십 번 한 이야기인데 하필 군 교회에서, 또 젊은 사병들 앞에서 말이 헛 나온 것이다! 보통 때 같으면, "저는 초등학생의 어린 나이에 뉴질랜드로 이민을 떠났습니다"라고 말하는데 그날따라 "저는 국.민.학.교 때... !!!"라 고 말실수를 한 것이다! 국민학교에서 초등학교로 바뀌고 얼마 안 돼서 한국을 떠났기에 '국민학교'라는 단어가 더 익숙하다 해도 한국에 돌아와 수년을 초등학교라고 말하며 살았는데……. 동안 외모 덕에 사병들의 나이와 큰 차이 없이 여겨져 그들과의 공감대가 더 잘 형성됐는데 순간적인 실수로 내 나이가 드러나 버린 것이다.

"국민학교? 국민학교래~!"

사병들이 수군대기 시작했다.

"제가 할머니, 할아버지랑 같이 살아서……. 할머니, 할아버지가 국민학교라고 하셔서……."

뒤늦게 수습해 봤지만 이미 입술에서 빠져 나와 버린 말이기에 주워 담는 게 불가능했다.

"How old are you!? 몇 살이에요!?"

객석에서 사병들이 크게 소리 지르는 게 들렸다. 내 얼굴이 벌게지는 게 느껴졌지만 개의치 않고 간증과 공연을 진행해 나갔다.

늦은 시각에 위문 공연이 끝난지라 서울로 출발하는 배가 없어서 군인 회관에서 모두 하룻밤을 자고 그다음날 출발했다. 서울로 향하는 배 안이었다. TV 앞에 사람들이 모여 뉴스를 보고 있어서 나도 무슨 뉴스인가 하고 가서 봤다. 이는, 다름 아닌 천안함 사건이 일어난 것이다! 우리가 타고 있던 배가 백령도를 떠나고 나서 바로 일어난 듯했다. 부모님과 대 표님, 동료들 등, 내가 백령도로 사역을 간 것을 아는 분들로부터 안부 연락이 왔다.

"여보세요? 해나야, 지금 어디야? 괜찮니?"

"저는 괜찮아요. 저도 뉴스 보고 알았어요."

부모님과 지인들을 안심시키고 희생자가 나오지 않길 기도하며 돌아왔다.

"사역자는 외진 산골이나 먼 섬이라도 영혼들이 있는 곳이면 불편을 감수하고 가면, 주님이 우리를 책임져 주신다."

우리의 소원은 통일

어릴 때 뉴질랜드에 살면서 현지인들이 "북한에서 왔어요, 남한에서 왔어요?"하고 물어보는 게 어색하고 싫었다. 우리나라만 왜 아직까지 분단국가로 남아있는지 서글프기도 하고, 외할아버지가 이북 분이라 떨어져 있는 가족 이야기를 하실 때마다 안타깝기도 했다. 그러던 중, 전 매니저 목사님이 목회하시던 교회에서 '남북평화재단'이라는 단체를 지원하고 있다는 이야기를 듣게 되었다.

남북평화재단은 평화 통일을 이루기 위해 교육과 훈련 및 평화 운동과 지원 사업 등을 추진하는 단체다. 후원자를 모집하여 북한에 전지분유와 밀가루를 보내고, 또 남북 청소년의 스포츠 교류 차원에서 농구공 수천 개를 전달하는 등 평화 문화 형성에 기여하고 있다. 특히 부천 지부에서는 여러 종교 단체 지도자들이 이사로 헌신하고 있어서 종종 종교를 초월한 문화와 모금 행사를 진행하고 있다.

유명 연예인도 아닌 나에게 홍보대사 위촉 제안이 들어와 영광으로 여기며 흔쾌히 수락했다. 내가 가진 재능으로 주님이 그토록 원하시는 평화 통일이 이루어지는 데 일조할 수 있다면 그것만큼 값진 일이 어디 있겠는가 하는 생각으로 말이다. 그때부터 부천 시청 앞 광장, 시의회 강당 등에서 행사가 있을 때마다 무보수로 연주하며 재단을 지원했다. 이를 위해 '우리의 소원은 통일'과 '애국가'를 편곡하여 직접 반주곡을 제작했고, 이 곡을 듣는 사람마다 감동의 눈물을 흘리거나 평화 통일에 대한 마음이 불타올랐다. 이것이 바로 음악의 힘인 듯 싶다.

'두리하나 선교회' 대표인 천기원 목사님은 아빠와 깊은 친분이 있는 분이다. 두리하나는 북한 동포들에게 기독교 복음을 전파하고 그들을 구제하며, 탈북 동포를 위해 체계적이고 실질적인 정책과 대안을 제시함으로 통일 한국을 준비하는 데 목적을 둔 선교회이다. 천 목사님을 만나 북한의 현재 상황과 탈북자를 탈북시키는 과정을 들었을 때 마음이 찢어지는 것 같았다. 또한 탈북자들이 남한에서 자리 잡고 생활해 나아가는 데 겪는 어려움이나 두고 온 가족에 대한 미안함과 그리움을 호소할 때는 이루 말할 수 없는 긍휼함으로 마음이 미어졌다. 이들의 심령 가운데 그리스도의 복음이 뿌리내릴 수 있게 양육하는 천 목사님이 너무 귀하고 수십 번 북한에 억류될 뻔한 상황에서도 계속 이 사역을 해 나가시는 모습이 정말 존경스러웠다. 그래서 나도 두리하나 선교회에서 열리는 후원 행사에 발 벗고 나서서 재능 기부로 돕기 시작했다. 주님께서 이렇게 한 걸음씩 북한 선교로 나를 이끄셨다.

그러던 어느 날, <신이 보낸 사람>이라는 영화를 만나게 되었다. 북한

지하 교회의 상황을 그려낸 영화라 개봉하자마자 영화관에 가서 관람했다. 몹시 소중한 복음을 지키기 위해 고문과 순교까지 마다하지 않는 지하 교회 신도들을 보고 만감이 교차하며 그저 먹먹한 마음으로 영화관을 나왔다. 이제까지 나의 신앙이 가짜인 듯싶었고 예수 그리스도의 피와 생명으로 맞바꾼 복음을 너무 당연하게 여기고 나태한 신앙생활을 하고 있던 내 모습을 회개하는 계기가 되었다. 영화에서 북한 지하 교인들이 자주 부른 <갈릴리 호숫가에서>와 <주 예수보다 더 귀한 것은 없네>라는 곡을 찾아 들어봤지만, 최근에 나온 음원이 없었다. 그래서 나는 노래와 연주를 직접 녹음해 음원을 내기로 결심했다.

내가 그랬듯, 영화를 보고 계속 그 영화에서 받은 은혜를 떠올리고 싶어 하는 사람이 많을 것 같아 이 두 곡을 메들리로 이어서 한 곡에 담기로 했다. 화려한 반주보다는 멜로디 자체에 비중을 두어 가사와 멜로디에 집중할 수 있게 건반과 기타소리만 반주에 담았다. 그러고는 뮤직비디오 제작을 하려고 생각해 보니 아무래도 영화 장면이 들어가는 게 가장 효과적일 듯싶었다. 또한 사역지에 가서 이 귀한 영화를 더 많은 사람한테 알리고 싶었다. 그래서 어렵사리 제작자의 전화번호를 알아내 전화를 걸었다.

"여보세요? 안녕하세요? 저는 전자 바이올린으로 사역하는 해나리라고 하는데요. 영화를 보고 깊은 감명을 받아서 영화 장면을 뮤직비디오로 사용하려고 하는데, 혹시 허락해 주실 수 있나요?"

"제가 지금 회의 중이어서 통화가 어려워서요, 자세한 내용을 문자로 다시 남겨 주세요."

자세한 내용을 문자로 남겼지만 며칠 동안 답이 안 왔다.

'그럼 그렇지. 내가 누군지도 모르는데 어떻게 영화를 뮤직비디오로

쓸 수 있게 해 주시겠어?'

이렇게 생각하고 단념하던 중, '라스트'라는 남성 CCM 그룹 녹음실에서 녹음하고 있던 어느 날, 제작자한테서 전화가 온 것이다!

"여보세요? 대표님, 안녕하세요? 해나리입니다. 전화 주셔서 감사해요!"

"네, 제가 이전 날에는 회의 중이어서 전화 통화를 제대로 못 했네요. 지금 바쁘세요?"

"아, 아니요! 라스트라는 CCM 그룹 녹음실에서 녹음하고 있는데요, 잠시 쉬었다 해도 됩니다."

"네? 라스트요? 그, 강⋯누구 PD가 있는 그룹이요?"

"네! 맞아요! 강원구 형제가 PD를 맡고 있습니다. 라스트를 잘 아세요?"

"몇 번 만나서 밥도 먹고 했어요. 그 팀 좋던데요. 잠깐 강PD 좀 바꿔주세요."

제작자와 강PD가 통화를 했고, 강PD는 나와 내 사역에 대해 잘 말해 주었다.

"해나리 씨, 저는 해나 씨가 누군지 모르겠지만, 내가 믿는 라스트가 해나 씨를 귀한 사역자라고 하니까 영화 쓸 수 있게 해 드릴게요."

"정말요? 우와~ 감사합니다! 사역지를 다니면서 더 많은 사람이 영화를 보고 은혜받을 수 있게 열심히 연주할게요. 그런데 비용은 얼마나 드려야 될까요?"

"잘 편집해서 그냥 쓰세요."

"네? ⋯⋯"

너무 감사한 마음에 할 말을 잃었다. 모든 일에 한 치의 오차도 없는 완벽하신 하나님이 내가 라스트 녹음실에 가는 날까지 기다리게 하셔서 강PD가 바로 옆에 있는 날 제작자가 전화하게 하신 것이다. 만약 강PD가 옆에 없었더라면 영화 쓰는 걸 허락받지 못했을 수도 있다. 내 간절한 마음을 아시고 이런 기적을 베풀어 주신 것이다. 영화 <신이 보낸 사람>을 편집해서 만든 이 뮤직비디오는 지금까지 많은 곳에서 많은 성도에게 보여 주었고 실제로 그들의 신앙을 돌아보게 만들고 북한을 위해 기도하게 하는 데 사용되고 있다.

L국가와 같은 사회주의 국가에는 북한 식당이 꼭 한두 개씩 있어서 공연하러 갈 때마다 북한 식당에 들러 한 번씩 식사하거나 연주하곤 한다. 이를 통해 북한에서 파송된 종업원들과 조심스레 이야기도 나누고 음악적인 교류도 하면서 그들에 대해 조금씩 알아가게 됐다. 20대 초반으로 구성된 여성 홀서빙 직원들은 북한에서 철저히 교육받아 꼭 필요한 말 이외에는 입 밖으로 잘 내지 않았고, 또 식당 홀에서 매일 공연을 하기 위해 노래와 춤, 악기 연주도 훌륭한 수준으로 훈련받는다. 내가 노래와 전자 바이올린 연주를 해주고 나서야 그들이 나에게 관심을 갖고 창법이나 연주법에 대해 질문하며 다가와 주었고 그 이후에 <우리의 소원은 통일> 또는 <아리랑> 같은 곡을 협연도 하게 되었다. 남과 북이 음악으로 하나가 되는 역사적인 날이 되어 마음이 뭉클했다.

1년 후 그들을 다시 만난다는 생각에 마음이 부풀어 L국을 찾았다. 하지만, 북한 식당에는 갈 때마다 만나 꽤나 정이 들었던 종업원들이 하나도 안 보이는 것이었다.

'엇? 진리, 복희, 애순 (예명)자매들이 어디갔지? 하나도 안 보이네?'

속으로 생각하며 사장님께 이들의 행방에 대해 물어보니, 이미 작년에 북한으로 돌아갔다는 것이다! 복음도 전하지 못했는데 이제 다시는 만나지 못한다는 사실에 너무 슬프고 아쉬웠다. 북한에 가서는 복음을 듣지도 못할 텐데 말이다.

정치적으로, 외교적으로 해결해야 할 문제가 많지만 우리 그리스도인은 무엇보다도 우리 민족인 북한 동포에게 자유롭게 복음이 전해질 수 있도록 평화통일이 이루어지길 지속적으로 기도해야 한다. 또한, 통일 이후에 어떻게 살아가고 대처해야 하는지에 대해서도 관심을 갖고 지금부터 훈련받아야 하고, 북한 영혼들도 복음을 듣고 구원에 이르는 날이 올 때까지 우리 그리스도인이 더욱 무릎 꿇고 기도해야 한다.

단 한 사람

"해나리 언니 안녕하세요?

저는 광주 ○○캠프에서 언니의 간증과 연주를 들은 여중생이에요.

언니를 만난 건 제 인생에서 너무나도 큰 사건이어서 이렇게 이메일을 보내게 됐어요.

저희 아빠는 알코올 중독자예요.

매일 술을 마시고 엄마를 때렸어요.

참다못한 엄마는 집을 뛰쳐나가 돌아오지 않으세요.

엄마가 안 계시니 아빠가 저를 때리기 시작했어요.

상처가 나고 피가 나도록 맞은 저는 더는 살기 싫어서 자살을 결심했죠.

그런데 학교 친구 한 명이 이번에 열리는 여름 캠프에 꼭 같이 가자고
조르는 거예요.
　　그래서 자살하기 전에 친구 소원 한 번 들어 줘야지 하는 생각에
　　캠프에 따라가게 됐죠.
　　그러고는 캠프에서 해나리 언니를 만났어요.
　　저는 이제 엄마도 도망가 버리고 이 세상에 저 혼자만 남은 줄 알았
어요.
　　그런데 캠프에서
　　예수님이 나 자신보다 더 나를 사랑하셔서
　　나를 위해 돌아가시고 항상 내 곁에 계신다는 얘기를 듣고
　　눈물이 멈추지 않더라고요.

언니도 죽을 만큼 힘들고 외로웠는데 예수님 때문에 다시 살아갈 용
기를 얻었다고 하니

저에게 큰 도전이 되었어요.

언니가 믿는 예수님 한 번 열심히 믿으며 용기 내 볼래요!
언니, 캠프에 와 주셔서 고마워요.
캠프에서 언니의 노래와 이야기를 나누어 주셔서 감사해요.
다시 살아갈 소망을 얻어 열심히 살게요."

'외로울 때나 눈물 날 때도
언제나 나와 함께해 줄 단 한 사람
작고 약해서 자신 없지만
난 그대만 있다면 살아갈 수 있어요
믿어요.'

뉴질랜드에서 한국에 홀로 나왔을 때
항상 내 곁에 계신 예수님을
'단 한 사람'으로 표현했다.

누군가에겐 이 '단 한 사람'이
가족 또는 친구일 수 있지만
나를 절대로 떠나지 않고
항상 내 곁에 계신 유일한 분은 바로

'예수 그리스도'밖에 없다는 걸

내 마음에서 마음으로 전하며 노래한다.

PART 3

아트 코리아(ART KOREA)

아트 코리아는 '모든 열방의 부흥과 변화는 한국 문화에서 시작된다!'(All nations' Revival and Transformation starting in Korea)라는 모토를 가지고 시작된 문화 선교 단체이다. 여기에 힙합 선교단 '멘토 크루', 트렌디한 음악과 춤으로 선교하는 '히스팝', '해나리', 모던락 워십 밴드 '페이먼트 밴드', '디바소울'이 소속되어 있다. 그리고 미술과 도자기, 공예품 작가님도 여러 명 소속되어 있다. 이 팀들은 모두 각각 훌륭한 기량을 갖고 있어 풍성한 개별 사역이 가능하기에 굳이 연합을 안 해도 된다. 하지만 이런 팀들이 모여서 시너지 효과를 내고 더 멋진 연합 퍼포먼스를 창조해 내면 기독교 문화가 세상 문화를 압도하여 문화의 영역을 통한 전도가 더 쉬워질 수 있다. 이런 동일한 목적을 가지고 우리는 모인 것이다.

우리가 먼저 영적으로 하나가 되어야 더 단단한 쇠칼과 창을 들고 전

진할 수 있기에 매주 함께 모여 예배드리며 나아갔다. 출생도, 자라 온 환경도, 사역의 영역도, 연령도 모두 다른 아티스트 수십 명이 한 영으로 예배드릴 수 있는 목적은 그저 예수그리스도의 복음 하나뿐이었다. 프리스타일 랩으로, 비보이 댄스로, 디제잉으로 찬양하며 함께 무릎으로 열방을 위해 기도하며 나아갔다.

그리고 우리는 조직의 시스템을 갖추고 비전을 세워 나갔다. 첫 3년간은 국내 선교, 그리고 향후 5-10년은 열방으로 나아가 선교를 하고 교회를 세우는 데 목표를 두었다. 지금 돌아보면 참 무모한 계획이었지만 하나님께서는 이미 우리를 통해 계획을 세우셨고 이루어 가셨다. 현재 동남아의 허브인 태국 방콕에 문화 센터와 교회가 세워져 있고, 히스팝은 이미 태국으로 모두 이주해 영향력 있는 사역들을 해나가고 있다.

아트 코리아의 첫 사역지는 거리였다. 우리는 무작정 스피커와 믹서, 조명과 DJ 장비를 들고 젊은이가 많이 모이는 거리로 나갔다. 무대는 길바닥에 깐 마루 매트였다. 비보이들이 비보잉을 하기 위해서는 콘크리트 맨바닥에서 하는 건 위험하고 한계가 있다. 조명과 음향 장비를 가동하기 위해서는 발전기도 필수이다. 우리는 음향과 조명, 테이블, 매트를 설치한 후에는 함께 손잡고 원을 만들어 그 땅을 위해 기도했다. 그 거리가 우리의 예배의 장이 되게 해달라고, 또 지나가는 모든 영혼이 춤과 연주를 통해 주님을 만날 수 있게 해달라고…….

화려한 조명과 DJ의 퍼포먼스가 시작되면 지나가는 젊은이들이 멈춰 섰다. 흥겨운 찬양곡에 맞춰 비보잉을 시작하면, 지나가던 비보이나 댄서들도 합세하여 신나는 연합의 장이 되었다. 또 래퍼들이 프리스타일 랩을 통해 하나님을 찬양하면, 거리에 있던 래퍼들도 본인만의 프리스타일 랩으로 함께 참여했다. 또 전자 바이올린의 화려한 연주에 맞춰 댄서들의 백댄싱이 이루어지고, 간혹 연주를 토대로 댄스 배틀도 열리곤 했다. 후반부로 가면서 모던 락 밴드의 워십 연주와 더불어 모든 공연자가 함께 춤추고 뛰며 찬양하는 예배가 거리에서 연출되고, 서로를 축복하며 마무리되었다.

우리가 돈을 모아 사 먹을 수 있던 것은 1,500원짜리 주먹밥이 전부였다. 제대로 먹지도, 마시지도 못하고 2시간 정도 공연을 하고 나면 몸은 지칠 대로 지쳤다. 하지만 나의 영의 기쁨은 이루 말할 수 없었고, 누가 시키지 않아도, 누가 돈을 주지 않아도 이렇게 연합하여 예배하고 문화를 통해 젊은이들에게 다가갈 수 있다면 나는 그걸로 만족했다.

한 번은 인천 젊은이의 거리에 있는 작은 무대에서 한겨울에 노방 공연을 한 적이 있다. 패딩을 두 개 껴입어도 추운 겨울날이어서 나는 손가락이 얼어서 연주가 불가능할 정도였다. 하지만 추위가 우리를 멈출 수는 없었고, 비보이가 앞 순서로 무대를 열었다. 얼마나 열정적으로 춤을 췄는지, 옷을 하나씩 벗기 시작했고, 급기야는 반팔만 입고 비보잉을 하고 있었다. 순서가 끝난 한 비보이 사역자가 목이 너무 말라 마실 것을 찾던 중 반병 남은 오렌지 주스가 무대에 올려져 있어 묻지도 따지지도 않고 원샷 드링킹을 했다. 순간! 이상한 맛이 올라오는 것이었다! 사실 그것은 오렌지 주스가 아니라 멘토 크루 부부 아기의 소변을 담아 놓은 것이었다. 바로 뿜어내고 싶었지만 소변을 아무 데나 뿜을 수 없기에 입을 틀어막고 뱉어 낼 곳을 찾아 이리저리 뛰어다녔다. 길거리 노방 공연이라 쉽게 화장실을 찾지 못해 한참을 입에 물고 다니다가 하수구를 찾아 뱉은 모양이었다. 이런 웃지도, 울지도 못하는 에피소드가 엄청 많고, 경찰한테 경고를 받거나 쫓겨난 적도 한두 번이 아니다.

아트 코리아 공연 팀의 소문을 듣고, 이곳저곳에서 사역 요청이 들어왔다. 작은 교회, 큰 교회 가리지 않고, 사례비를 따지지 않고 우리는 무조건 순종하여 갔다. 사실 수십 명이 몇 대의 차량으로 악기와 장비를 싣고 오가는 유류비와 식대만 해도 어마어마하다. 그러나 우리나라 교회의 현실상 그렇게 많은 사례비가 책정될 수가 없기에 그저 믿음으로 살고, 사역할 수밖에 없다. 맛난 음식과 좋은 옷과도 바꿀 수 없는 구원의 기쁨과 하늘의 소망을 얻기에 어느 곳에서든 예배한다.

닉 부이치치는 오스트레일리아 출생으로 사지가 없는 희망 전도자이다. 세르비아 출신의 신실한 목회자인 아버지 보리스와 어머니 두쉬카 사이에서 장남으로 태어난 그는 8세 이후 세 번이나 자살을 시도하였으나 부모의 전폭적인 지원과 사랑으로 양육받아 현재는 전 세계를 다니며 희망과 복음을 전하는 사명을 감당하고 있다.

이런 닉 부이치치의 내한 일정이 잡히게 되었다. 서울을 포함한 몇 개 도시에서 대규모 집회가 기획되었고, 오프닝 세레모니에 아트 코리아 공연팀이 초청되어 공연하게 되었다. 우리에겐 큰 영광이고 너무 귀한 사역이 아닐 수가 없었다. 한국 장애인 단체들을 돕기 위한 목적으로 후원금과 헌금을 모았기 때문에 우리에게 할당된 예산이 너무 적었지만, 부산을 비롯한 먼 거리 도시에서의 집회는 버스를 대절해 이동하고, 근처 교회 예배당 또는 찜질방에서 숙박하며 비용을 절감했다.

규모가 큰 무대이니만큼 화려한 연합 공연을 준비해 수많은 성도의 마음의 문을 여는 역할을 감당했다. 닉 부이치치의 집회는 그야말로 대성황을 이루었고 아트 코리아 멤버들도 말씀을 들으며 은혜받고 또 각성하는 귀한 기회가 되었다.

하지만 이렇게 아름다운 집회 뒤에 아름답지 못한 모습도 있었다. 이 집회를 주관하신 장애인 목사님 한 분이 집회 때 걷힌 헌금을 모두 횡령해 해외로 도주하셨다는 소식을 전해 들었다. 그래서 후원하기로 했던 장애인 단체에 기부금 전달이 하나도 못 되고, 우리 아트 코리아도 버스 대절비는커녕 그 어떤 진행비도 받지 못했다. 정말 속상하고 애통했다. 해외로 도주한 그 목사님의 영혼이 너무 불쌍해서 기도할 수밖에 없었다.

아트 코리아의 재정은 계속 마이너스가 될 수밖에 없었지만, 우리는 하나님 보시기에 부끄럽지 않은 모습으로 하늘의 소망만을 바라며 나아가자는 다짐을 했다. 이후에도 수많은 국내외 사역을 감당해 나갔다.

"사역자는 이 세상의 부귀영화를 멀리하고 하늘의 소망만을 바라보며 나아가야 한다."

태국인도 정오엔 밖에 안 나가는데!

아트 코리아 대표인 홍광표 선교사님은 태국 선교사이다. 신학을 하시기 전 연극배우를 했던 선교사님은 신혼여행을 태국으로 갔다가 태국 선교를 시작하셨다. 그래서 아트 코리아의 첫 해외 사역은 동남아의 허브인 태국이 되었다.

태국은 불교 국가로 인구가 전 세계에서 20번째로 많은 나라이다. 케이팝 열풍이 불기 시작한 때라 한국인 아티스트에게 우호적인 나라이기도 했다. 이 기회를 놓칠 수 없는 우리는 태국 선교를 계획했다. 30명이 넘는 멤버들의 항공료와 태국에서의 공연 진행 비용 등은 실로 큰 금액이었다. 그래서 기금 마련을 위해 '싸와디 캅, Thailand!'이라는 타이틀로 후원 콘서트를 열었다.

많은 지인과 더불어 해외 선교에 관심이 있는 관객의 축복과 기도를 받으며 콘서트를 은혜롭게 마쳤다. 끝나고 멤버들이 모여 감사 기도를 하는 도중, 누군가가 내 손에 무언가를 쥐어 주는 게 느껴졌다.

"어! 뭐지?"

눈을 뜨고 손을 펴 보니 금반지 하나가 내 손에 쥐어져 있었다. 누가 이걸 주고 갔나 주위를 둘러보니 어떤 여자 분이 황급히 걸어가시는 게 보였다. 얼른 뛰어가서 그분을 잡았다.

"권사님, 혹시, 이거 권사님이 저한테 쥐여 주신 건가요?"

"네, 맞아요. 3대째 내려오는 어머니의 유품인데, 콘서트 도중에 주님께서 아트 코리아에 드리라는 마음을 주셨어요. 별것 아니지만 선교 경비에 보태 쓰세요."

"……."

말문이 막혔다. 이렇게 채우시며 역사하시는 하나님도, 그 음성을 듣고 순종하는 권사님도 놀라웠다. '과연 나는 이런 귀한 물질을 주님께 드리는 것에 순종할 수 있을까?' 많은 생각을 하며 거듭 감사의 말씀을 드렸다.

후원 콘서트, 길거리 버스킹 등을 통해서 기적과 같이 기금이 마련되어 아트 코리아 전원이 태국으로 출발할 수 있게 되었다. 태국에서의 첫 번째 사역은 쇼핑몰 외부에서 아트 코리아가 자체적으로 여는 야외 콘서트였다. 현장으로 모두 이동해 일찍부터 뙤약볕에서 기도하며 대기했다. 무대 팀, 조명 팀, 음향 팀을 모두 현지 팀으로 구성해서 섭외했는데, 모두 약속 시간보다 몇 시간이나 늦게 도착했다. '코리안 타임'보다 더 늦는 게 '동남아 타임'이라는 것을 실감했다. 40도에 육박하는 무더위 아래서 마냥 대기하는 것이 너무 힘들어서 콘서트 리허설조차 시작하기 전에 진이 다 빠지는 것 같았다.

그러는 중에 이게 무슨 일인가! 갑자기 비가 쏟아지기 시작했다. 다 같이 무대에 설치하고 있는 조명과 음향기기 위에 잽싸게 비닐을 씌우고 건물 안으로 대피했다. 한참을 기다려도 비는 그칠 기미를 보이지 않았다. 그래서 나는 하늘을 향해 손을 들고 선포 기도를 하기 시작했다.

"하나님, 비를 그쳐 주시옵소서! 하나님, 비를 그쳐 주시옵소서!"

나는 반복하며 외쳤고, 다른 멤버들도 따라서 손을 들고 선포 기도를 하기 시작했다. 사실 이와 같은 경험이 예전 코스타 때도 한 번 있었기 때문에, 믿음으로 선포했다. 그러자 10분도 채 되지 않은 시간에 굵게 내리던 빗줄기가 서서히 그치기 시작했다. 그러고 나서 몇 분 후, 정말 거짓말같이 비가 뚝 그치고 금세 '짠' 하고 해가 났다. 우리의 기도를 들어주신 주님께 너무 감사해서 모두 눈물로 기도드렸다.

'동남아 타임'과 줄기차게 내린 비 때문에 리허설을 제대로 하지 못하고 콘서트를 시작할 수밖에 없었다. 하지만 케이팝 덕분에 몰려든 수많은 젊은이가 마지막에는 다 같이 뛰며 주님을 찬양하는 예배자가 된 모습을 목도했을 때, 사람의 준비는 미흡했더라도 이미 주님은 모든 것을 예비하고 계셨다는 것을 깨달았다.

2주간의 선교 기간 중 공식 스케줄이 잡힌 날은 콘서트 전에 콘서트가 열리는 장소 근처에 나가 노방 공연으로 홍보를 했고, 스케줄이 없는 날에는 많게는 세 번까지 노방 공연을 했다. 쇼핑몰, 길가, 광장, 학교 등 사람들이 많이 모이는 곳이라면 무조건 마루 매트를 깔고, 스피커를 설치하고 공연을 했다. 허가가 필요한 곳에서 허가 없이 공연을 하다가 쫓겨나기도 했다. 버스나 승합차 대여 비용이 많이 들기 때문에 무거운 스피커와 장비를 들고 지하철로 이동하고 노방 공연 장소까지는 직접 들고 낑

낑대며 걸어가기를 반복했다. 지금 돌이켜 보면 정말 무식하게 용감했고 열정만 앞섰던 것 같다.

차로 이동해서 야외 공연을 한 번만 해도 몹시 더워 지치는 게 당연한데, 먹을 것도 제대로 못 먹고 주먹구구식으로 노방 공연을 강행하다 보니 환자가 발생하기 시작했다. 태국 현지인도 정오에는 더워서 일도 멈추고 시원한 실내에서 휴식을 취하는데, 동남아 무더위에 익숙하지도 않은 우리는 뙤약볕에 선풍기 하나 없이 걸어 다니고, 심지어는 땀으로 샤워를 할 만큼 열정적으로 공연을 했으니 탈이 안 날래야 안 날 수가 없었다. 게다가 외국인은 생수나 정수를 사다 마셔야 하는데, 돈이 없는 우리는 현지인과 같이 수돗물을 그냥 마셔서 배탈과 장염에 걸린 멤버들이 점점 많아지기 시작했다.

하루는 페이먼트 밴드의 자매 두 명이 아침에 열이 펄펄 나면서 일어나지 못했다. 그래서 다른 자매들이 계속 손을 얹고 기도를 했는데도, 병세가 나아지지는 않고 악화되기만 했다. 이러다가는 큰일 나겠다 싶어, 밴드의 리더가 환자 둘을 급히 응급실로 이송했고, 급기야는 입원까지 하게 되었다. 태국 실내외 기온 차가 매우 심하고, 현지 교회의 찬 대리석 바닥에서 잠을 자며 수돗물을 마시고, 하루도 쉬지 못하는 강행군을 해서 몸이 쇠약해질 대로 쇠약해져서 장염과 탈수 증상, 고열이 함께 온 것이다.

다른 멤버들은 스케줄을 감당해야 했기 때문에 유일하게 영어를 하는 내가 입원한 자매들을 간호하며 함께 있었다. 그 김에 나도 편하고 깨끗한 곳에서 하룻밤을 잘 수 있게 되었다. 저녁 시간엔 병원 한 곳에 전시되어 있는 바이올린 한 대를 튜닝해서 병원 구석구석을 걸어 다니며 찬양을 연주했다. 다행히 수액을 맞고, 하룻밤을 푹 쉰 자매들은 컨디션이 많이 회복되어 그다음날 퇴원을 할 수 있었지만, 우리는 여행자 보험에 가입하지 않은 터라 병원비가 80만 원 이상 청구되었다.

방콕과 콘캔, 치앙마이 등 대도시를 순회하며 수십 군데의 교회, 백화점, 중고등학교, 대학교에서 문화 선교 공연을 펼쳤다. 문화라는 영역을 통한 하나님의 일하심은 무궁무진했다. 케이팝의 붐을 허락하신 것이 우리 같은 문화 선교사를 위한 지름길이라는 것을 몸소 체험했다. 불교 사상으로 가득 물든 수많은 태국 젊은이들이 예수그리스도를 영접하게 되는 놀라운 일을 목도하게 되었다. 우리는 그저 순종함으로 우리에게 맡겨진, 또 우리가 할 수 있는 일을 했을 뿐이고, 그들의 마음의 문을 열고 주님께로 돌이키시는 분은 하나님이라는 것을 다시금 깨닫는 계기가 되었다.

"사역자가 믿음의 걸음을 뗄 때는 순간부터 주님께서 일하신다."

발길 닿는 대로 전국투어 노방 공연

여름 시즌에 아트 코리아 공연팀이 해마다 하는 사역은 전국 투어 노방 선교이다. 서울에서 시작하여 남부 지방으로 내려가면서 기회가 될 때마다 노방 선교를 한다. 보통 문화 사역자들은 초청된 곳에만 가서 공연하지만, 우리는 그 외에 복음이 전파되어야 하고 땅 밟기를 통해 기도와 축복이 필요한 곳을 찾아가 선교 공연을 한다.

큼직큼직한 목적지는 정해 놓고 몇몇 교회는 미리 연락을 해놓고 출발하지만, 변수가 있을 수밖에 없었다. 고속도로를 따라가다가 잠시 쉬기위해, 또는 먹기위해 휴게소에 도착하면 그곳이 선교지가 될 때도 있었다. 휴가철이라 사람이 많이 모였다 싶으면 무조건 젬베(아프리카 타악기)를 꺼내 들고 찬양하기 시작했다. 노래와 율동을 통해 찬양하면 사람들이 조금씩 모여들었다. 그냥 구경하면서 지나가는 사람도 있고 끝까지 자리를 지키는 사람도 있었다. 젬베 비트에 맞춰 비보잉과 댄스 공연을 하고 축복 송을 불렀다. 그리고 끝까지 남아 있는 관객한테 다가가 복음을 전했다.

처음부터 복음 이야기를 하면 대부분 부담스러워하거나 꺼린다. 그래서 얻은 지혜는 먼저 내가 하나님을 만난 이야기를 하는 것이었다. 내가 어떤 인생을 살아왔고 하나님이 어떻게 나를 만나 주시고 내 삶을 어떻게 변화시키셨는지, 복음이 내 삶에 어떻게 역사하는지를 말이다. 쭉 설명해 나가면 그제야 왜 우리가 이렇게 미친 사람처럼 아무데서나 찬양하고 공연하는지를 사람들이 조금이나마 이해하기 시작한다. 그래도 그 자리에서 바로 주님을 믿기로 결심하기는 쉽지 않다. 그래서 우리는 그저 주님의 지상 명령에 순종하고 주님이 일하시길 기도하며 영혼들을 축복하며 나아가는 것이다.

"부르신 곳에서 나는 예배하네. 어떤 상황에도 나는 예배하네"라는 찬양 가사가 있듯 길거리가, 휴게소가 예배의 장이 된다. 찬양과 통성 기도를 불편해 하는 사람도 많을 것이다. 하지만 그들의 마음을 주님께서 언젠가는 만져 주실 거라는 걸 믿으며 주눅 들지 않고 예배하며 나아가는 게 우리의 할 일인 것 같다.

미리 연결된 교회에서는 그 교회 교인을 대상으로 사역한다. 가끔은 이웃 초청 콘서트로 진행되기에 교회를 안 다니는 사람도 대상이 된다. 여러 팀이 연합하였기에 보다 더 다양한 콘텐츠로 공연할 수 있었다. 음향과 영상, 조명 담당자도 있어 시청각을 모두 충족시키는 스킷 드라마로 복음의 내용을 구현했다. 드라마틱한 간증거리가 있는 멤버들 또한 많아서 간증 시간도 가졌다. 집회를 마친 뒤에는 교회에서 준비해 주신 식사를 하고 지정해 주신 방에다 짐을 풀고 씻었다. 샤워 시설이 없는 교회는 단체로 근처 목욕탕에 가서 씻고 오기도 했다.

더운 여름 날씨에 거리에서 노방 공연을 하루에 1,2회 하고 저녁엔 교회에서 사역하는 일정이 반복되면 밤엔 어김없이 몸이 녹초가 되기 마련이다. 하지만 그것으로 일정을 끝내지 않고 우리끼리 모여서 나눔과 예배를 하고 기도로 하루 일정을 마친다.

여러 명이 한방에서 자게 되면 각자의 잠버릇과 체온이 다르기 때문에 특히나 청각이 예민하고 체력이 댄서들보다 약한 나는 어려움을 겪곤 했다. 누구 한 명이 코를 심하게 골면 아무리 귀마개를 끼더라도 잠들기 쉽지 않았다. 어렵게 잠들었다가도 각각 다른 시각에 맞춰 놓은 알람 소리가 울릴 때마다 깨버린다. 또 누구 한 명이 더워서 선풍기 또는 에어컨을 켜고 자면 그다음날은 바로 감기에 걸린다. 그래서 어느 교회에서는 계단 아래쪽에 빈 다락방 같은 곳을 찾아 혼자 잤는데, 청소한 지 너무 오래 되어서 먼지가 엄청 많아, 자고 일어나니 호흡기가 잔뜩 부어 있었다.

새벽잠을 항상 설치는 나는 아침 출발 시간 전에야 겨우 일어나기에 가장 늦게 씻고 짐도 가장 나중에 싼다. 그래서 이런 허약 체질인 나를 이해하는 멤버들이 고맙게도 많이 도와주었다. 씻고 나오면 내 짐을 이미 다 싸놓고 우리가 머물던 방 청소까지 말끔히 해 놓았다. 어디서 사역하든, 어디서 숙박하든 우리의 철칙은 쓰레기 하나 남김없이 원상 복구 하고 떠나는 것이기 때문이다. 우리의 흔적은 남기지 않고 예수의 흔적만 남기는 것이 바람직하기에…… 이렇게 아트 코리아에서 공동체 생활을 하면서 사역자의 기본부터 배우게 되어 훗날 후배 사역자들에게도 솔선수범하며 가르쳐줄 수 있었다.

이렇게 서울에서 출발해 부산까지 내려가 휴가철 많은 인파가 몰린 해운대에서도 노방 공연을 하게 되었다. 작정하고 판을 벌일 땐 음향 시스템과 디제이 장비, 마루 매트와 의상도 다 꺼내어 1시간 반에서 2시간 가량의 공연을 제대로 했다. 항상 도착해서 먼저 하는 일은 공연이 열리는 곳 주변에 흩어져서 땅을 밟으며 기도하는 것이다. 이렇게 젊은이들이 많이 모인 곳에선 케이팝 커버 댄스도 준비해 먼저 이목을 집중시켰다. 그리고 비보이 댄스와 각 팀의 대표적인 퍼포먼스를 순서를 적절하게 짜서 공연했다. 이젠 서로의 팀 곡들과 안무를 다 외워서 서로의 퍼포먼스에 끼어들고, 대신하고, 따라하는 재미도 있었다. 해운대 공연을 마치고는 너무 행복하고 흥에 겨워서 모인 관객들과 기차를 만들어 해운대 공연장을 몇 바퀴 돌며 기쁨을 나누기도 했다. 이 천국의 잔치를 주님께서는 흐뭇하게 바라보고 계셨겠지…….

산타가 성탄절의 주인공이 되어 가는 이 시대에 진정한 주인공인 예수를 알리고자 여러 중형 교회가 마음을 모았다. 시청 한복판에 무대를 설치하고 음향과 조명을 대여해 성탄절 축제를 열기로 한 것이다. 여러 크리스천 연예인과 아티스트가 초청되어 무대를 꾸몄고 아트 코리아가 마지막 무대를 맡게 되었다. 그런데 영하로 내려가는 강추위에 야외에서 공연해야 하다니! 내 의상은 항상 스커트여서 얇은 스타킹 한 장으로는 추위를 견뎌 내기 어려웠다. 또 손가락이 꽁꽁 얼어붙어 움직이질 않아 연주가 아예 불가능했고 입 근육과 성대 또한 얼어서 노래하기도 쉽지 않았다. 대기실 안에 있다 해도 천막 한 장으로 바람만 겨우 막아 내는 수준이었기 때문에 공연 전부터 온몸이 꽁꽁 얼어붙었다.

댄서들도 춥기는 마찬가지였다. 아무리 몸을 움직여 몸을 풀고 핫팩으로 손을 녹여 봐도 잠시뿐이었다. 하지만 밖에는 주최 측 교회에서 온 청년들과 성도님들이 행사 시간 내내 손을 호호 불며 그 자리를 지키고 계셨다. 그걸 본 우리는 더 힘을 내서 공연을 준비할 수밖에 없었다. 처음엔 따뜻한 패딩을 입고 공연하려고 했는데 생각이 바뀌어 패딩을 벗어 버리고 평소에 입는 얇은 공연 의상을 입었다. 나도 멋진 의상만 입고 무대 위로 올라가 연주 중간중간 몇 초간의 쉬는 타임에 손을 입에다 쑥 집어넣어 따뜻한 공기를 불고 빼면서 연주하기를 반복했다. 입 근육과 성대가 얼어서 음정을 잡기도 어려웠지만, 그게 무슨 상관인가? 그저 하나님 보시기에 기쁘시면 된다고 생각하며 무대를 잘 마무리하고 내려왔다.

"사역자는 더운 여름에도 추운 겨울에도, 때를 얻든지 못 얻든지 예수 그리스도를 알리는 데 주력해야 한다."

무조건 가 보자, 캄보디아로!

태국과 라오스, 베트남의 중앙에 위치한 캄보디아가 아트 코리아의 다음 사역지가 됐다. 캄보디아는 소승불교가 인구의 95퍼센트를 이루는 뿌리 깊은 불교 국가이다. 태국에서의 아트 코리아의 활약을 전해 들은 캄보디아 방송사에서 우리를 초청해 캄보디아에 가게 된 것이다. 예정된 날짜의 스케줄을 모두 빼놓고 기도하며 준비하고 있던 중, 출국 2주 전에 갑자기 캄보디아 방송사에서 연락이 왔다. 사정이 생겨서 이번 일정을 취소한다는 일방적인 통보였다. 어떻게 한 나라의 방송사에서 행사 2주 전에 일정을 취소할 수가 있지? 너무 무책임하다고 생각했지만, 어쩔 수 없는 일이었다. 그래서 긴급 회의를 소집한 리더들이 기도하며 하나님의 뜻을 구했다.

"하나님, 저희가 캄보디아를 가슴에 품고 기도로 준비하고 있었는데,

이렇게 일정이 취소되었습니다. 주님의 뜻이 어디에 계십니까? 저희가 방송사를 통하지 않고라도 캄보디아에 가야 합니까, 말아야 합니까?"

리더들이 받은 마음은 동일했다.

"가라!"

그렇게 2주 동안의 캄보디아 선교 준비가 시작됐다. 우선 항공료를 마련해야 했다. 각자의 지인과 교회 성도 개개인에게 후원 편지를 보내 개인 후원을 받았고, 또 비보이들은 길거리 버스킹을 해서 항공료를 모았다. 항공료는 기적적으로 모였지만, 2주 동안의 체류를 위한 숙식과 공식 스케줄이 결정되지 않은 상태였다.

"하나님께서 가라시니 저희는 무조건 갑니다. 나머지는 주님께서 채워 주실 줄 믿습니다. 우리를 왜 캄보디아 땅으로 보내시는지 주님의 뜻을 보여 주세요."

매일 기도와 예배로 마음을 모아 캄보디아 사역을 준비했다.

출국일, 드디어 비행기에 올랐다. 캄보디아 프놈펜 국제 공항에 도착한 우리는 감격할 수밖에 없었다. 아트 코리아의 소문을 들은 많은 한국인 선교사님들이 우리를 맞으러 나와 계셨고, 이미 2주 동안의 숙식과 공연 스케줄도 다 짜 놓으셨던 것이다.

"기도를 들으시는 하나님, 여호와 이레! 채우시는 하나님, 감사합니다!"

우리의 주된 사역지와 숙소는 선교사님들이 사역하시는 학교, 교회, 센터, 태권도장 등이 되었다. 찬 대리석 바닥에 얇은 천 하나를 깔고 자야 했지만, 누울 곳이 있어 감사했다. 현지인들이 먹는 알랑미에 오이 두 조각, 튀긴 치킨 두 조각이 전부인 한 끼 식사였지만, 먹을 것이 있음에 감사했다. 가끔 준비해 주시는 김치나 불고기는 그야말로 특식이었고, 더 큰 감사의 이유가 될 수 있었다.

수많은 현지 어린이부터 학생들, 젊은이들을 만났다. 음악과 춤을 보여 주었고 말이 통하지 않아도 이해할 수 있는, 스킷 드라마를 통해 주님은 이들의 마음을 어루만지셨다. 매 공연마다 태국 때와 같이 마지막엔 다 함께 주 안에서 기뻐 뛰며 주님을 찬미하는 천국의 장이 열렸다. 이것을 이루시기 위해 하나님께서 우리를 캄보디아에 보내신 거라는 걸 확신했다. 더운 날씨에 제대로 먹지 못하고, 찬물로 샤워를 하며, 찬 바닥에서 자야 해서 몸이 많이 지치고 힘들었지만, 우리를 통해 많은 영혼이 구원에 이른다는 기쁨에 사역의 강행군을 계속 펼쳐 나갔다.

스케줄이 없는 날에는 어김없이 밖으로 나가 노방 공연을 펼쳤다. 대부분이 비포장도로로 이루어진 외곽 지역에는 마루 매트를 깔 만한 평평한 지대를 거의 찾아보기 힘들었다. 그래서 사람들이 많이 지나다니는 곳에 큰 돌멩이 몇 개만 치우고 먼지 풀풀 나는 흙바닥에 무대를 만들고 공연을 진행했다. 무거운 스피커를 끌고 나가 테이블 위에 설치하고, 음악을 틀면 사람들이 금세 많이 모여들었다.

어느 날은 대학교 정문 게이트 앞에서 노방 공연을 하고 있는데, 갑자기 무시무시하게 큰 소가 우리를 향해 돌진해 왔다! 순간, 이 소가 어느 쪽으로 갈지 몰라 우왕좌왕하고 있으니 사람이 없는 음향 장비가 설치된 테이블 쪽으로 돌격했다. '아! 이제 음향 장비는 끝이구나!' 하며 생각하고 있는 찰나에 소도 무언가 큼직한 게 있는 것을 봤는지 아슬아슬하게 비켜가 버렸다. 다행히 인명 피해도, 물질 피해도 없었다.

또 어느 날은 한 선교사님이 선교하시는 외곽 지역의 어느 마을 안으로 들어가서 노방 공연을 했다. 공연을 시작할 땐 밝았으나, 산에 위치한 마을이다 보니 해가 금방 떨어져 곧 어둑어둑해졌다. 선교사님이 급하게 전기를 끌어다가 형광등 몇 개를 연결해 공연하는 구역을 밝혀 주셔서 공연을 진행할 수 있었다. 하지만 그 빛을 보고 수백 마리의 하루살이와 모기 떼가 빛을 향해 달려 들었다.

얼마나 많이 모기에 물렸는지 알 수 없었다. 시골 모기라 말라리아를 전염시킬 가능성도 컸다. 하지만 그런 것에 아랑곳하지 않고 공연을 진행할 수 있었던 것은 초롱초롱한 눈으로 공연을 지켜 보며 즐거워하는 순수한 영혼들 때문이었다. 공연 마지막 부분에 그 마을 아이들과 주민들을 각자 한 명씩 끌어안고 그 영혼을 위해 기도하는 시간을 가졌다. 한 번도 복음을 듣지 못한 이들과 이 땅에 쩌렁쩌렁한 기도 소리가 울려 퍼지는 것은 처음이었다. 우리는 그저 씨만 뿌리고 갔지만, 물을 주고 자라게 하여 거두실 분이 하나님이기에 기대하는 마음으로 그 마을을 뒤로 했다.

캄보디아에서 죽을 뻔 한 적도 있었다. 하루는 은혜롭게 사역을 마치고 숙소로 복귀하고 있는데, 멘토 크루의 자매 하나가 복통을 호소하며 끙끙 앓고 있는 것을 발견했다. 숙소에 도착해서 눕혔는데, 갑자기 구토하며 마비 증상이 오는 것이었다. 손과 다리가 차례로 마비가 와서 나를 포함한 몇몇 자매들이 계속 주무르며 기도하며 나아갔다. 밥을 끓여 먹여 봤지만, 그것조차 토해냈고 증상이 점점 심각해져 갔다. 그런데 정말 감사했던 것은 하필 이번 선교 크루에 물리 치료와 침 치료를 하는 형제가 동행한 것이었다. 그 형제가 소금물을 먹여 보라고 권해서 먹였더니 배 속에 안 좋은 것들을 다 토해냈다. 그리고 침을 놓으니 마비 증상이 차차 풀어졌다. 한 시간 반만에 그 자매의 상태가 급격히 호전되었고, 죽을 먹여

기운을 되찾을 수 있었다.

그러고 나서 찬물로 샤워를 하고 잠자리에 드는 시간이었다. 이번엔 내가 몸이 점점 안 좋아지는 것을 느꼈다. 나도 모르게 소리를 내며 끙끙 앓고 있는 것이었다. 고열 증상으로 인한 것인지 몸살이 온 것인지 알 수 없지만, 너무 아파서 견딜 수가 없었다. 한참을 참다못해 다른 자매들을 깨워 기도 부탁을 했다. 이내 소식을 들은 그 물리치료사 형제가 달려왔다. 영양분도 제대로 섭취하지 못하고, 뜨거운 열기 속에 너무 무리한 탓 같다고 했다. 사실 비위가 약한 나는 닭 비린내 때문에 그나마 식사로 나온 단백질도 섭취 못 하고, 오이 두 개와 알랑미 조금씩만 먹으며 하루에 여러 차례 연주를 해 온 것이었다. 게다가 매일같이 댄스로 체력 훈련을 해온 비보이와 댄서들과는 달리 체력적으로 약한 내가 그들과 같은 스케줄을 소화해 내고 있었기 때문에 탈이 난 것이다.

혹시 말라리아에 걸린 것은 아닌지 걱정스러웠지만, 그 형제가 침을 놔 주고, 자매들의 간호로 증상이 완화되었다. 정말 죽을 것같이 아팠는데, 금세 호전이 된 것이다! '여호와 이레'의 하나님이 이번 크루에 치료사 형제를 보내셔서 우리 둘 다 병원에 가지 않고 낫게 하심을 경험했다.

캄보디아에서는 11월 초에 연중 가장 큰 행사 중 하나인 '물 축제'이다. 특히 수도 '프놈펜'에서는 어마어마한 인파가 몰려드는 큰 축제로 유명하다. 노방 공연을 하는 아트 코리아를 본 정부에서 우리를 그 물 축제의 무대로 초대를 했다.

캄보디아 최고의 축제 중 하나이니만큼 수십 만 명의 인파가 물 축제를 즐기러 몰려들었다. 기도로 공연을 준비한 우리는 연합 공연으로 최고의 무대를 올렸고, 간접적으로 스킷 드라마를 통해 복음의 메시지 또

한 전했다. 수많은 카메라가 우리를 촬영하여 우리 공연이 캄보디아 전역으로 방송되었다.

캄보디아 방송사에서 처음에 우리를 초청했다가 취소를 해서 오지 못할 뻔했는데, 하나님께서는 다시 우리를 방송에 내보내셨다. 주님의 방법으로 말이다. 우리가 만약 기도해 보지 않고, 캄보디아 일정을 취소했더라면 우리는 이와 같은 역사를 보지 못했을 것이다. 다시 한 번 하나님의 완벽하신 섭리에 감탄하지 않을 수 없었다.

우리가 공연을 마치고 현장에서 바로 철수하여 수많은 인파를 뚫고 나가는 데도 시간이 꽤 많이 걸렸다. 질서 의식이 잘 잡혀 있지 않고 이 많은 인원을 통제할 수 있는 인력도 부족했기 때문에 그야말로 아수라장이었다. 사람들은 몇 개 없는 다리를 이용해 행사장을 오갔는데, 좌측 통행이나 우측 통행 없이 막무가내로 서로 밀치고 밀리며 아슬아슬하게 이동하고 있었다.

겨우 행사장을 빠져나가 숙소에 도착하자마자 매우 안타까운 뉴스를 접하게 되었다. 물 축제 현장에서 행사가 끝나고 많은 인파가 한꺼번에 이동해 통제가 제대로 되지 않았고, 다리를 건널 때 양쪽 방향에서 수천 명이 밀고 들어가 가운데 맞닥뜨린 사람들이 밟히거나 물로 뛰어들어 320여 명이 압사 또는 익사했다는 것이다. 우리도 만약 조금이라도 늦게 철수하여 그 현장에 있었더라면 살아있지 못했을 수도 있다! 애통한 마음으로 함께 마음을 모아 기도했다.

"하나님, 저 영혼들을 긍휼히 여겨 주세요. 너무나도 안타까운 죽음입니다. 저 가운데 복음을 받아들이고 예수를 영접한 이들이 많으면 좋겠습니다. 그리고 저희를 살려 주신 이유는 아직 저희가 할 일이 남았기 때문인 줄 믿습니다. 더 열심히 복음 전하러 다니겠습니다. 우리를 사용하소서.”

간발의 차이로 아트 코리아 공연팀을 살리신 이유는 하나님이 우리를 통해 아직 할 일이 남아 있기 때문이라는 마음을 주셨다.

질병으로 인해, 또 물 축제 사고로 인해 두 번이나 죽을 뻔한 위기를 넘기게 하신 주님께 나의 삶을 온전히 의탁하겠노라고 다짐했다. 주님께서 “가라!”고 명하시면 순종하는 마음으로 가서 나의 할 일을 다하면 내 인생은 주님께서 책임지신다는 하늘의 섭리를 다시 깨닫게 되었다. 정말 완벽하고 한 치의 오차도 없으신 아버지 하나님만이 나의 믿음이며 소망이시기에 내 생명을 거두실 때까지 영혼 구원을 위해 사역하는 주님의 일꾼으로 쓰임받기를 소원한다.

“사역자는 주님이 가라! 하시면 순종하여 가면 된다!”

제주도 땅 밟다가 응급실행

제주도 인구와 특성상 제주도에는 대형 교회가 없고 작거나 중형 교회가 대부분이다. 그리고 이단 교회도 대단히 많다. 유동 인구는 많지만, 도민의 인구는 크게 변하지 않기에 전도 또한 어렵다. 그래서 아트 코리아가 제주도로 출동했다.

우리에게 제주도까지 비행기로 이동하는 것은 사치였다. 그래서 목포까지 차로 이동하고 목포에서 제주도까지 배로 이동해 오랜 시간이 걸려 제주도에 도착했다. 중형 교회 한 곳과 연락이 닿아서 그 교회에서 사역하고 숙박하게 되었다.

제주도에 있는 동안 매일 밤 제주도를 위해 기도하고 예배하며 나아갔다. 그런데 하루는 기도 가운데 하나님께서 나에게 환상을 보여 주셨다. 한라산 산봉우리에 엄청나게 큰 붉은 십자가가 꽂혀 있는 환상이었다. 너무나도 선명하게 환상을 보여 주셔서 정말 감사한 마음에 눈물이 쏟아졌다.

'아, 제주도는 예수 그리스도 십자가의 보혈로 물든 땅이구나! 아무리 이단과 미신이 많다 해도 순교자의 피가 흐르는 하나님의 땅이구나!'

제주도 전체가 보혈의 피로 물드는 상상을 하며 제주도의 복음화를 위해 깊이 기도했다.

"주여, 제주도는 주님의 땅입니다. 모든 도민이 주님께 돌아오는 날이 속히 오게 하소서"

이 환상을 아트 코리아 리더들과 나누고 한라산으로 직접 가서 땅 밟기 하며 수시간 동안 기도했다. 한라산에서 시작된 땅 밟기는 해안가로 이어졌다. 서귀포시에 있는 중문 해수욕장부터 시작했다. 휴가철이 아닌 평일이어서 사람들이 많지 않았다. 그래서 우리는 마음껏 큰 소리로 찬양하며 하나님을 높였다. 이어서 기도하기 시작했는데, 한꺼번에 모여서 시작한 기도가 한 사람 한 사람 흩어지더니 해수욕장 전역에 기도 소리가 울려 퍼졌다. 누구는 모래사장에 무릎 꿇고 기도하고, 누구는 걸어 다니면서 기도하며, 또 누구는 바다를 향해 두 팔을 벌리고 축복하며 기도했다. 바다와 육지, 산이 보이는 자연에서 자유롭게 기도하는 모습이 마치 천국에 있는 듯 했다.

기도를 마치고 차에 타서 다음 해변으로 향했다. 그리고 끝나면 또 그 다음 해변, 또 다음……. 이렇게 해안가 순회를 하며 예배하다 보니 어느덧 해가 뉘엿뉘엿 지고 저녁이 되었다. 많은 인원이 저렴하게 먹을 수 있는 식당을 찾는 게 관건이었다. 근처에 있는 식당을 검색해 보니 조금 큰 규모의 말고기탕을 하는 집이 있었다. 아트 코리아의 회계를 맡고 있던 내가 먼저 들어가서 사장님께 여쭤 보았다.

"사장님, 저희가 인원은 많은데 예산이 얼마 없어서요, 혹시 7,000원짜리 말고기탕을 5,000원짜리로, 고기를 좀 덜 넣고 만들어 주실 수 있을까요?"

사장님이 어이가 없다는 듯 웃으시더니 "그래요, 그렇게 해 드릴게요" 하며 허락하셨다. 멤버 전원이 들어가서 말고기탕을 먹었다. 처음 먹어 본 맛이었다. 너무 허기가 진 우리는 말끔히 먹어 치우고 다시 다음 해안가를 향했다.

한 곳 한 곳을 이동할 때마다 우리의 열정이 식기는커녕 더해 갔다. 해안을 옮겨갈 때마다 예배 시간이 점점 길어졌다. 밤 10시가 넘어서 도착한 해변에는 근처에 모텔이 많았다. 그곳에서도 한 시간 넘게 찬양하고 기도하며 예배하고 있는데 갑자기 경찰차가 왔다.

"지금 여기서 뭐 하시는 거예요? 숙박객들이 시끄럽다고 민원이 들어왔어요."

우린 순간 당황했지만 솔직하게 말했다.

"지금 저희는 제주도를 위해, 또 이 해안가에 있는 사람들을 위해 기도하고 있습니다."

"아, 그러세요? 기도하는 것이면 좋은 거죠. 그런데 조금만 조용히 해 주세요."

경찰은 우리가 떠날 때까지 우리가 기도하는 모습을 지켜 보다 갔다.

새벽이 깊어 거의 제주도 한 바퀴를 다 돌았을 때 내 체력은 완전히 바닥이 났다. 역시 매일 체력 단련을 하는 댄서의 체력을 따라갈 수가 없었다. 기도하고 있는데 점점 힘이 쭉 빠지더니 서 있을 수가 없었다. 구역질이 나고 배가 너무 아파서 차로 먼저 가서 누워 있으려고 주차장으로 향했다. 그런데 차 문이 다 잠겨 있어 주차장 한쪽 구석에 쭈그려 앉아 헛구역질하며 멤버들이 빨리 돌아오길 기다렸다. 얼마나 지났을까? 제정신이 아닌 채로 쭈그려 앉아 있는데 멤버들이 돌아오는 소리와 핸드폰 불빛이 멀리서 보였다. 소리 질러 부르거나 걸어갈 힘조차 없어 깜깜한 어둠 속에 있는 나를 발견해 주기만을 기다리고 있었다. 다행히 내가 없는 걸 알아챘는지 나를 찾기 시작했다.

"해나리! 어딨어? 해나리 본 사람 있어요?"

곧 멘토 크루 단장님이 나를 발견하고 다가와서 나를 안고 차로 옮겼다. 반쯤 실신한 상태로 헛구역질과 심호흡만 하는 나를 응급실로 급히 이송했다.

"해나야, 괜찮아? 증상이 어때? 왜 갑자기 그래?"

"해나야, 기도하자. 우리도 계속 기도하니까 너도 기도해!"

단장님 소리를 듣고 기운을 내서 속으로 기도하기 시작했다.

"하나님, 저 너무 아프고 힘들어요. 도와주세요."

이 기도를 반복하며 응급실에 도착했다.

원인은 장염이었다. 며칠간 지속한 강행군으로 인해 몸이 약해진 데다 저녁으로 먹은 말고기가 나와 안 맞았던 모양이다. 그리고 새벽까지 계속 순회하며 쉬지 않고 기도했으니 위장이 워낙 안 좋은 나에게 장염 증상으로 온 것이다. 응급실에 도착해서 계속 토하고 설사하기를 반복하다가 수액과 주사를 맞았다. 얼마나 지났을까? 이제껏 알아채지 못했던 수십 군데의 모기 물린 곳이 가렵기 시작했다. 조금씩 나아지고 있다는 뜻이었다.

몇 시간 후 동이 트고 아침이 밝아왔을 때 증상이 많이 좋아져서 내 옆을 계속 지키며 기도하던 멘토 크루 단장님과 히스팝 단장님과 함께 퇴원해서 숙소로 돌아갔다. 나머지 멤버들도 내가 병원으로 갔을 때부터 계속 나를 위해 기도했다고 한다. 물질로 이어진 인연은 물질이 없어지면 끊어지지만, 영으로 이어진 인연은 영으로 지속하듯, 동역자가 있어 얼마나 든든한지 모른다. 체력 단련을 더 열심히 해서 동역자들에게 피해 주지 않고 도움을 주어야겠다고 다짐하고 제주도를 떠났다.

"사역자는 주 안에서 하나 된 동역자를 만나 연합할 때에 시너지가 생긴다."

아~ 내 아이패드가 베트남 사람에게~!

멘토 크루를 후원하시는 한 크리스천 기업가 부부가 멘토 크루를 베트남 공장으로 초청하셨다. 멘토 단장님이 나도 합류하기를 권하셔서 하나님이 허락하신 기회라 생각하고 함께 베트남 하노이로 떠났다. 대표님 부부가 운영하시는 베트남 공장의 규모는 으리으리했다. 수만 평에 이르는 공장 건물에 일하는 직원들만 해도 수천 명에 이르렀다. 직원들의 일부는 매주 공장에서 드리는 예배에 참석하고 있었지만, 대다수는 예수님을 모르는 사람들이었다. 그래서 대표님 부부가 문화를 통해 공장 직원들에게 예수님을 알리고자 우리를 초청하신 것이었다.

공항에서 내려 대기하고 있는 버스에 탑승하여 이동했다. 이동 중 거리 풍경과 베트남 곳곳의 경치를 보며 그 나라의 문화를 엿볼 수 있었다. 동남아 국가 중 가장 오토바이가 많은 나라인 듯 신호 대기를 하고 있으면 금세 맨 앞쪽으로 수십 대의 오토바이가 몰려들어 선두에 섰다. 신호가 바뀌자마자 기다렸다는 듯 무질서하게 오토바이들이 튀어 나갔다. 실제로 오토바이 사고가 굉장히 자주 난다고 하지만, 오토바이의 양에 비하면 적은 편이라고 한다. 무질서함 안에 우리는 모르는 질서가 있는 것이다.

한참을 달려 공장에 도착했을 때는 해가 뉘엿뉘엿 지는 시간이었다. 숙소에 짐도 풀 새 없이 바로 공장 옆 공터에 마련된 공연 장소로 향했다. 다음날 있을 행사를 위해 큰 무대와 조명이 설치되어 있었고, 수많은 의자도 깔려 있었다. 가방과 간단한 짐들을 한쪽에 쌓아 놓고 바로 음향과 무대 체크에 들어갔다.

난생처음으로 베트남에 와서 수많은 현지인을 만나 그들 앞에서 공연한다고 생각하니 벌써 가슴이 쿵쾅쿵쾅 뛰었다. 언어는 통하지 않지만, 그들을 마음으로 품고 음악을 통해 그리스도의 사랑을 전한다고 생각하니 정말 감사했다. 솔로 연주 순서도 있었고 멘토 크루와의 케이팝 콜라보 퍼포먼스도 있었기에 리허설 시간이 길어졌고, 어느덧 해가 지고 공연장 주변은 깜깜해졌다. 리허설을 마치고 마련된 숙소에 도착해 쉬고 있는데, 자매 한 명이 "혹시 제 휴대폰 보신 분 계세요?"라고 모두에게 물었다. 우리 모두 함께 그 휴대폰을 찾아봤지만, 그 어디에도 보이지 않았다. 리허설 도중에는 휴대폰을 가방 안에 넣어 놓고 안 꺼냈다는 것이었다. 그리고 그 가방은 공연장 옆쪽에 다른 짐들과 함께 놓여 있었다. 혹시 내 가방에도 분실된 게 있는지 확인해 봤다. 나는 휴대폰을 바지 주머니에 갖고 다녔기 때문에 분실되지 않았지만, 사역 때 사용하는 아이패드가 보이지 않는 것이었다.

"제 아이패드도 분실된 것 같아요!"

우리가 리허설에 열중해서 가방과 짐들을 쌓아 놓은 곳에 신경을 못 쓴 사이에 도난당한 것이었다. 리허설 때는 음향, 조명 업체 직원들밖에 없었는데, 그렇다고 그들을 의심할 수 없었다. 누가 가져갔는지는 모르지만 원망스럽고 미운 마음이 들어 계속 마음이 안 좋았다. 이 마음으로 베트남 사람들을 품고 사랑하는 마음으로 공연을 하는 게 어려울 듯했다.

'아… 주님… 선교하러 왔는데 제 하나밖에 없는 아이패드가 분실되다니요. 어떡해요? 가져간 사람뿐만 아니라 이 나라 사람들이 다 밉고 원망스러운데 사역을 어떻게 하지요? 주님, 제 마음을 만져 주세요. 용서하는 마음을 주세요.'

참담한 마음으로 주님께 하소연하듯 기도하기 시작했다. 그러자 기도 중에 하나님이 마음에 이런 감동을 주셨다.

"너의 삶도, 물질도 모두 내가 준 것이니 내가 쓰려고 가져간 것뿐인데 무엇을 원망하느냐?"

"아! 주님, 그렇습니다. 내가 가진 모든 게 다 주님 것이지요? 제가 잠시 망각했습니다. 주님의 자녀를 의심하고 미워한 저의 연약함을 긍휼히 여기시고 용서해 주세요. 아이패드 가져간 사람이 그 안에 있는 복음적인 영상을 보고 주님을 만나게 해주세요."

용서를 구하는 마음으로 기도를 드렸다. 역시 기도가 답이다! 마음이 어렵든 평온하든 주님께 기도로 나아갈 때 답을 주시고 평온한 마음을 허락하신다.

다음날, 드디어 수많은 베트남 영혼들을 만나게 되었다. 모두 같은 유니폼을 입고 공연장 의자에 앉아 있었다. 자세히 보니 모두 십 대 또는 이십 대 초반의 나이로밖에 안 보였다. 대부분이 어려운 가정환경으로 인해 학업을 중단하고 일을 할 수밖에 없어 공장에 들어 온 것이다. 참으로 안타까웠다. 그에 비해 대학원까지 진학하여 공부하고 이렇게 주님께 쓰임 받는 나를 보며 감사한 마음만 들었다. 아이패드를 도난당한 안타까운 마음은 이미 사라졌고, 공장의 근로자들을 향한 긍휼한 마음이 더욱 깊어져 마음속으로 그들을 위해 중보하며 공연에 임했다.

비보이 공연을 시작으로 우리의 기량을 마음껏 뽐냈다. 케이팝 커버곡을 했을 땐 말 그대로 열광의 도가니였다. 다들 앉은 자리에서 일어나 춤추며 그들의 젊음을 불살랐고, 마지막에 함께 찬양했을 때는 수십 명이 줄이어 기차를 만들어 껑충껑충 뛰어다니며 환호했다. 그들이 환호하는 이 곡이 누구를 찬양하는지 모를 수도 있다. 하지만 우리 공연이 시발점이 되어 다음에는 그들이 예수 그리스도를 영접하여 진심으로 찬양하는 날이 올 거라 믿어 의심치 않는다. 한국에 돌아가도 계속 베트남 땅을 위해 중보하며 나아갈 것을 다짐하며 돌아왔다.

"사역자는 씨를 뿌리는 역할이던 자라게 하는 역할이던 맡은 바의 역할을 충실히 감당해 내야 한다."

♪ G-Wave

전 세계적으로, 특히 동남아에 한류 열풍이 점점 거세지면서 케이팝을 좋아하고 춤과 노래를 따라 하는 십 대들이 태국에 주를 이루었다. 대형 몰이나 백화점 실내외에 삼삼오오 그룹을 지어 거울 역할을 하는 대형 유리 앞에서 음악을 틀어 놓고 케이팝 안무 연습을 하는 팀이 수십 팀이다. 한국어에 대한 열정도 커서 기본적인 한국어 대화와 읽기, 쓰기가 가능할 정도로 공부한다. 이렇게 한국 사람에게 호의적인 이들에게 문화를 통해 선교하는 절호의 기회를 하나님이 허락하셨다.

God's Wave의 줄인 말로 'G-Wave'라는 타이틀로 태국에서 비보이, 커버 댄스 경연 대회를 개최하게 되었다. 아트 코리아의 멤버인 히스팝 팀이 주최 하여 행사를 진행했다. 히스팝은 태국 및 동남아권 문화 사역에 비전을 품고 팀 전체가 태국 방콕으로 이주해 장기 사역을 시작한 팀이다.

이 G-Wave 대회를 통해 현지 댄서들과 좋은 관계를 맺어 전도와 동역 및 엔터테인먼트 사업을 목표로 삼은 것이다. 대회를 함께 준비하기 위해 나를 포함한 아트 코리아 문화팀이 모두 방콕으로 달려갔다.

방콕의 대형 쇼핑몰 센트럴 월드의 한 공간을 빌려 대회를 열기로 했다. 대관료, 무대, 조명 음향, 홍보, 상금 등 꽤 큰 비용이 필요했다. 하지만 히스팝이 방콕에 정착한 지 그리 오래되지 않은 터라 후원 업체나 교회를 많이 섭외하지 못해서 재정이 한정적이었다. 그래서 인쇄비가 비교적 저렴한 한국에서 포스터와 현수막 등의 인쇄물을 모두 출력해 갔다. 첫 대회이기 때문에 홍보에 각별히 신경을 써야만 했다. 그래서 우리가 직접 방콕 구석구석을 누비며 포스터를 부착하고 전단지를 돌렸다. 또한 무대와 음향, 조명을 최대한 저렴하게 대여해서 대회 전날 우리가 직접 설치하고 댄스 플로어도 직접 바닥에 테이핑해서 깔았다. 멤버 전원이 대회 당일날 게스트 공연을 해야 하는데 모든 작업을 마치고 숙소에 돌아오니 새벽이었다. 몸은 고단했지만 보람되고 설레는 마음으로 잠이 들었다.

첫 대회인데도 불구하고 많은 참가자가 지원했다. 비보이뿐만 아니라 케이팝 커버 댄스 팀도 꽤 많았다. 이들은 그럴듯하게 케이팝 그룹의 의상을 갖춰 입고 나름 메이크업도 열심히 해서 대회에 나왔다. 대회 중간중간에 우리 팀들이 공연했는데, 우리가 유명한 케이팝 그룹이 아닌데도 반응이 그야말로 폭발적이었다. 나를 비롯한 자매 사역자들이 연합하여 CCM 댄스곡에 안무를 짜서 노래와 춤을 선보였을 때는 마치 걸그룹이 온 것처럼 환호성을 질렀다. 나는 그들을 보고 속으로 기도했다.

'하나님, 케이팝에 대한 이들의 열정이 주님을 향하는 날이 속히 오게 해주세요.'

대회 막바지 순서였던 내 단독 공연에서는 히스팝 래퍼와 콜라보 무대를 선보였다. 캐논을 연주하고 있는데 갑자기 바로 앞에 있는 모니터 스피커에서 불이 난 것이다! 깜짝 놀란 나는 연주하면서 뒷걸음질치며 불을 피해 무대 뒤쪽으로 갔다. 연주를 중단해야 하나, 계속해야 하나 고민하고 있는데 무대에 같이 있던 래퍼가 불붙은 스피커로 뚜벅뚜벅 걸어가는 것이었다.

'위험해!' 속으로 소리 질렀다. 래퍼는 불이 안 붙은 쪽을 한 손으로 들어 무대 밖으로 옮겨 놓고 아무 일도 없는 듯 다시 무대 위로 올라가 공연을 계속했다. 후배 사역자지만 정말 존경스러울 만큼 프로다운 모습에 박수를 보내고 싶었다. 무대 밖에 있던 스텝이 소화기를 가져와 불을 껐고 대회는 그대로 잘 진행됐다. 큰 사고나 피해 없이 불이 진압되고 대회가 이어질 수 있어 얼마나 감사한지 몰랐다.

그렇게 첫 대회는 주님의 인도하심 아래 성공적으로 마쳤다. 출전한 현지 댄스팀들과 히스팝이 좋은 관계를 맺어 그중 몇 명은 히스팝 유나이티드 팀으로 결성되었다. 이들은 정기적으로 히스팝 사무실로 출근해 댄스, 영성 훈련을 받고 현지 사역팀으로 발전해 나갔다.

그 이후로 G-Wave 대회가 입소문이 나서 더 많은 후원자를 만나 큰 규모로 성장해 갔다. 2회 때부터는 실내가 아닌 쇼핑몰 외부 공연장에서 개최했으며 매 해 아트 코리아 팀들이 함께하기 위해 태국으로 나갔다. 2회 때는 대회 상금 액수도 조금 높아졌지만, 무엇보다 대회의 네임 밸류가 상승해 참가팀이 확연히 많아졌다. 그들의 퍼포먼스와 실력도 1회 때에 비해 우세해졌다. 정말 자신들이 케이팝 스타인 것마냥 실제 그룹의 의상과 흡사하게 제작해서 입고, 안무와 표정도 수준급으로 표현해 냈다.

그런데 정말 안타까운 것은 두 그룹의 한 명 꼴로 걸그룹 멤버에 남자가 끼어 있었다. 어떤 팀은 걸그룹 커버 댄스를 모두 남자 멤버들로 구성해 출전하기도 했다. 태국은 워낙 성 정체성이 무너져 있고 성 전환자가 많아, 그들이 그저 춤만 여성적으로 추는 건지 아니면 남성으로 태어나 여성으로 살아가는 건지 알 수 없었다. 하지만 그들을 보며 안타까운 마음으로 다시금 태국 땅을 위해 기도할 수밖에 없었다.

특별히 걸그룹 투애니원의 가수 공민지의 친언니인 CCM 가수 공민영이 게스트로 함께하게 되었다. 당시 투애니원의 인기는 동남아 전역의 케이팝 팬들 가운데 하늘을 찌르고 있었다. 이를 실감할 수 있었던 것이 공민영과 객석에 함께 앉아 대회를 관람하고 있었는데, 팬들이 하나둘씩 찾아와서 선물을 주며 사인과 사진을 요청해 왔다. 이미 공민지의 태국 팬덤에서 친언니가 온다는 소문이 나 미리 선물을 준비해 온 것이다. 그들의 꿈은 케이팝 스타를 한 번이라도 만나 보는 것이었으며 좋아하는 스타를 닮아 가기 위해 춤 연습도 하고 메이크업도 비슷하게 따라 하는 것이었다. 상류층의 십 대들은 한류 스타처럼 피부색을 하얗게 만들기 위해 비싼 주사도 정기적으로 맞고 있었고, 성형수술을 하러 한국으로 원정 가는 사람도 많았다.

예수 그리스도가 그들의 주인되시고 그들은 주의 자녀라는 정체성을 깨닫지 못하고 성적으로, 문화적으로 방황하는 태국인 영혼의 심령 가운데 성령의 단비가 내려져 복음이 뿌리내리는 날이 속히 오길 기도하며 G-Wave 대회를 마무리했다.

G-Wave 대회가 끝나고 이어서 G-Wave 캠프를 주최했다. 대회에 참가한 팀들과 몇 개의 태국인 교회 젊은이를 대상으로 댄스 워크숍과 더

불어 영성 수련회를 준비한 것이다. 참가자 중에는 비기독교인의 비율이 상당히 높았다. 그들은 캠프 기간 진행되는 댄스 워크숍에 관심을 가지고 참가한 것이다. 낮 시간엔 비보이, 걸스힙합, 스트릿 댄스, 케이팝 댄스, 디제잉, 밴드, 보컬 반으로 나누어 아트 코리아 아티스트가 강사가 되어 몇 시간 동안 워크숍을 진행했고, 아침저녁으로는 집회가 열렸다. 말이 잘 통하지 않아 통역을 거치기도 했고, 통역이 없을 때는 기본적인 수준의 영어와 보디랭기지로 의사소통을 하며 큰 어려움 없이 워크숍이 잘 진행되었다. 이것은 모두 하나님의 은혜였다.

둘째 날 저녁 집회 때의 일이다. 말씀 선포 후 뜨거운 기도 시간이 이어졌다. 나는 무대에서 찬양팀으로 섬기고 있어서 참가자들을 바라보며 기도하고 있었다. 그런데 갑자기 한 남자 청년이 기도하다가 뒤로 쓰러지는 것이었다! 깜짝 놀라 무대에서 뛰어 내려가 살펴보니 발작하는 것처럼 보였다. 눈동자 흰자위가 보이고 인상을 쓰며 이상한 말을 연신 뱉어 내고 있었다. 귀신이 들린 것 같아 얼른 남자 사역자들을 불러 양팔과 다리를 잡고 같이 기도하기 시작했다.

"나사렛 예수그리스도의 이름으로 명하오니 악한 마귀는 떠나갈지어다!"

이 말을 반복하여 선포하며 대적 기도를 했다. 그 청년은 괴로워하며 계속해서 알 수 없는 언어로 괴성을 질렀고 잡힌 팔과 다리를 뿌리치려 애썼다.

'하나님, 도와주세요! 이미 승리하신 주님께서 이 청년에게 씌인 마귀를 내쫓아 주세요.'

나는 계속 간절히 기도했다. 얼마가 지났을까, 청년이 잠잠해지기 시작하더니 눈동자가 돌아왔다. 팔과 다리에도 힘이 빠진 모양인지 땀을 뻘뻘 흘리며 팔 다리를 잡고 있던 남자 사역자들도 힘을 빼는 듯했다.

"하나님, 감사합니다! 마귀를 내쫓으시고 청년을 자유롭게 하신 주님을 찬양합니다! 우리의 기도를 들어 주셔서 고맙습니다!"

눈물을 흘리며 찬양과 감사 기도를 올려드렸다. 선교사님이 청년과 대화를 시도했고, 정상으로 돌아온 청년에게 축복 기도를 해주셨다.

잃어버린 영혼이 주님께로 돌아가는 것을 마귀가 가장 싫어하기에 그 청년에게 들어가 방해하려 한 것 같다. 우상 숭배가 활개치는 도시나 나라에서는 특히나 마귀가 역사하는 경험을 더 많이 한다. 처음엔 이런 경험이 생소하고 두렵기도 했지만, 이미 승리하신 주님만 믿고 선포하며 나아가는 훈련이 되었다. 많은 캠프 참가자가 주님을 만나 변화되는 역사가 있었다. 얼마나 감사한지 모른다. 그래서 이 G-Wave 캠프를 계속 이어나가기로 했다.

다음해엔 G-Wave 태국에 앞서 이웃 나라 L국에서 G-Wave 콘서트를 진행했다. L국은 공산주의 국가라 복음을 전할 수 없다. 그래서 십자가를 철저히 숨기고 들어갈 수밖에 없었다. 인터넷에 노출이 된 우리팀은 이름도 바꿔야 했고, 기독교적인 가사가 들어간 곡도 사용하지 못했다. 케이팝 아티스트로 공연을 하여 인지도와 인맥을 쌓은 다음에 G-Wave 대회를 열고, 또 현지인과 선교사님과 좋은 관계를 맺는 것이 주목적이었다.

L국 수도의 국립대학교 기숙사에서 콘서트를 열었다. 원래 수많은 절차와 승인이 필요했지만, 하나님이 문을 열어 주셔서 예상보다 단기간에 쉽게 허가가 났다. 노출된 곳에서는 눈을 감고 기도도 못하기에 시작 전에 다 함께 모여 눈뜨고 대화하듯 기도하고 공연을 시작했다. 케이팝 커

버 댄스와 노래부터 시작해서 태권무와 밴드 연주, 영화 OST와 가사를 수정한 CCM곡 등으로 화려한 무대를 꾸며 갔다. 특별히 현지 비보이 두 팀을 섭외해 콜라보 무대도 만들어 그들에게 큰 무대에 설 수 있는 기회도 제공했다.

콘서트가 한참 진행되고 있는데 갑자기 경찰 몇 명이 들어오더니 콘서트를 알선한 한국인 선교사님을 데려가는 것이다. 뭔가 잘못됐나 싶어 다들 걱정했지만 공연을 멈출 수 없었기에 속으로 기도하는 수밖에 없었다.

'하나님, 선교사님한테 안 좋은 일이 일어나는 것은 아니겠죠? 경찰이 선교사님을 연행해 가지 않고 일이 잘 해결될 수 있게 도와주세요.'

한참 후에 선교사님이 돌아오셨다. 누군가가 이번 콘서트를 방해하기 위해 경찰에 신고했고, 관계자인 선교사님이 연행될 뻔했다고 하셨다. 그런데 콘서트 현장 VIP석에 대학교 총장님 사모님이 앉아 계셨는데, 선교사님과 친분이 있어서 경찰을 설득해 돌려보냈다는 것이다. 음악과 영어를 가르치며 학생들과의 친분과 신뢰를 쌓아가고 있는 선교사님의 신분이 우리 콘서트를 통해 노출된다면 큰 위험에 빠질 수도 있었다.

'할렐루야! 감사합니다, 하나님!'

속으로 감사 기도를 드리며 콘서트를 무사히 성황리에 마쳤다. 콘서트가 끝나고 며칠 뒤 경찰이 선교사님 센터에 들이닥쳐 마구잡이로 수색하고 들쑤셔 놓고 갔지만, 다행히 기독교와 선교에 관한 건 아무것도 찾지 못했다고 한다. 그리고 콘서트를 통해 학교 간부들과 학생들이 선교사님에 대해 더 마음 문을 열어 대학교 안에서 공식적으로 음악과 영어를 가르칠 수 있게 허락했을 받았다고 한다.

선교사님과 오래전부터 친분이 있는 나는 아트 코리아 멤버들을 먼저 태국으로 떠나보내고 며칠 더 머물렀다. 총장님 사모님과 간부들이 식사와 미팅을 하며 추후 공연 계획에 대해 더 구체적으로 이야기를 나누었다. L국가는 방송 채널도 몇 개 없는 데다 태국 방송을 주로 송신하기 때문에 자국 문화와 가수가 특별히 없다는 것이다. 그래서 한국 크리스천 문화가 L국의 주류 문화로 자리 잡히면 이보다 좋은 게 없겠다고 생각했다. 생각만 해도 심장이 뛰고 가슴 벅찬 일이었다. 팀 전체가 자주 오기는 어렵지만 나 혼자라도 와서 틈틈이 공연해야겠다는 생각이 들었다.

태국으로 떠나야 하는 날이 왔다. 센터 2층에서 현지 친구들이 만들어준 달콤한 음료를 마시며 짐을 싸고 있는데, 잠깐 한눈을 판 사이에 음료수에 개미 떼가 어마어마하게 몰려들었다. 깜짝 놀라서 음료를 들고 1층 부엌으로 뛰어 내려가 컵을 싱크대에 담그기 바로 직전, 부엌 바닥에 고여 있는 물을 밟는 바람에 단단한 타일 바닥에 제대로 꽈당 넘어졌다. 무릎과 팔꿈치, 어깨에 타박상으로 시퍼렇게 멍들고 아파서 일어나지 못했다. 조금 쉬다가 비행기 시간이 가까워져 부축을 받아 절뚝거리며 겨우 비행기에 올랐다. 태국 공항에 내려서는 준비된 휠체어가 없어 짐 싣는 카트에 실려 겨우 숙소까지 갔다.

다음날 태국 병원에 가서 엑스레이도 찍고 진통제와 진통 밴드, 압박 붕대를 처방받았다. 다음날 바로 공연이 있는데, 제대로 서지도 못하는 상태로 어떻게 공연을 하나 걱정되어 기도했다.

"하나님, 저는 춤추고 움직이며 연주해야 되는데, 이 상태로 어떻게 하나요? 여호와 라파의 하나님이 속히 치유해 주셔서 주님을 찬양할 수 있게 도와주세요."

태국에서의 2주 일정 중 첫 사역 날이 되었다. 통증이 여전히 심해서 약을 먹고 부축을 받아 사역지로 이동했다. 내 순서가 됐을 때 무대로 기어 올라가 준비된 의자에 앉았다. 빠르고 경쾌한 곡보다는 2집 수록곡인 <주 없이 살 수 없네>를 선곡해 연주하기로 했다. 전주가 나오는데 주님이 주시는 감동에 눈물이 왈칵 쏟아져 나왔다.

"사역자는 어떤 상황에서도 이미 승리하신 주님만 믿고 감사함으로 담대히 나아가야 한다."

캠프 때 하나님을 만났어요

"언제 하나님을 인격적으로 만났나요?"라고 물으면, "학창 시절 기독교 캠프 때 만났어요"라는 대답을 가장 많이 듣는다. 그만큼 방학 때마다 열리는 교회 또는 기독교 연합 캠프의 역할이 매우 크다. 중대형 교회는 자체적으로 수련회를 진행할 수 있지만 그렇지 못한 교회가 더 많기 때문에 많은 선교 단체에서 여름과 겨울 방학 때 크고 작은 연합 캠프를 개최한다.

청소년에게 가장 적절한 프로그램에 맞춰 가장 적합한 강사와 CCM 가수 또는 연예인을 섭외해 최대한 은혜를 많이 받을 수 있게 하는 게 모든 캠프의 목적이다. 그래서 나를 비롯한 아트 코리아 소속팀들은 캠프 시즌 때마다 여러 캠프에서 섭외가 많이 들어온다.

한 대형 청소년 캠프에 아트 코리아가 서게 됐다. 저녁 집회 찬양 시간엔 찬양팀과 함께 율동으로 섬겼다. 문화 프로그램이 들어가는 순서에는 전체 시간을 할애받아 아트 코리아의 협동 퍼포먼스를 준비했다. 아무리 큰 집회 장소라 해도 멤버 20여 명이 모두 서서 춤추기엔 결코 무대가 크지 않았다. 그래서 비보이나 댄스 퍼포먼스를 할 때는 조심하며 최대한으로 공간 활용을 해야 한다. 사고는 비보이 퍼포먼스 도중에 일어났다. 히스팝 팀의 비보이 한 명이 덤블링을 하려고 점프하고 공중에서 한 바퀴 돌아 착지하는데 하필 모니터 스피커가 있는 쪽으로 간 것이다. 아차 하는 순간에 모니터 스피커에 머리를 그대로 내리꽂았다!

"뻑!"

깜짝 놀라 비보이가 쓰러진 쪽으로 달려가 보니 머리에서 시뻘건 피가 줄줄 흐르고 있었다. 옆에 있던 형제들이 재빠르게 그 비보이를 무대 밖으로 옮기고 공연을 이어갔다. 나를 포함한 리더들이 그 비보이를 살피러 무대 밖으로 나갔다. 나는 비보이 손을 꼭 잡고 입고 있던 옷 하나를 벗어서 머리를 지압했다.

"괜찮아? 정신 차려! 하나님이 도우실 거야. 곧 괜찮아질 거야."

"누나, 앞이 흐릿하게 보여요. 정신이 점점 없어져요."

"같이 기도하자. 너도 속으로 기도하며 하나님의 도우심을 구해!"

나는 믿음을 갖고 기도했다.

'하나님, 도와주세요. 피가 빨리 멈추고 큰 이상이 없게 해주세요. 주님께 몸으로 찬양드리다가 다친 거니까 주님이 이 형제를 책임져 주세요.'

내가 멤버 중 가장 많이 아파 봐서 아픈 사람의 마음을 가장 잘 안다. 그래서 침착하게 대처하고 기도하는 훈련이 된 것 같다. 나중에 그 비보이한테 들은 이야기지만, 정신을 잃고 있는 가운데 내가 엄마같이 느껴져서 마음이 편해졌다고 한다.

비보이는 응급실에 실려 갔고, 공연은 계속됐다. 다행히 금방 출혈이 잡히고 엑스레이상으론 문제가 없어 붕대만 감고 몇 시간 뒤에 퇴원했다. 정말 감사한 일이었다. 공중에서 머리로 떨어졌기에 심각한 외상이 있을 거라 예상했지만 하나님의 은혜로 큰 문제가 없었던 것 같다. 캠프 참가자 중 무대 가까이에 있던 사람들만 봤을 뿐 이 일에 대해 다들 몰랐는데, 공연이 끝나고 총무 목사님이 일어난 일에 대해 캠퍼들과 나누고 함께 기도하는 시간을 가졌다. 수천 명의 기도 덕분에 금방 돌아올 수 있었는지도 모른다.

김민수 목사님은 조명으로 사역하는 목사님이다. 하루는 어느 미자립 교회에 조명으로 섬기러 갔는데 학생 몇 명이 밴드 연습을 하고 있었다. 다른 악기는 제 음을 내고 있었는데 유독 키보드만 이상한 소리를 내고 있었다. 나중에 알고 보니 집에 키보드나 피아노가 없어 종이에다 건반 모양을 그려 놓고 소리나지 않는 건반에서만 연습했기 때문에 실제 키보드에서 쳤을 때 이상한 소리가 난 것이었다. 이 이야기를 듣고 미자립 교회의 슬픈 현실에 마음이 쓰인 김 목사님은 미자립 교회 청소년을 위한 문화 캠프를 열기로 마음먹게 되었다.

일회성의 문화 사역으로 은혜를 끼치는 것도 필요한 사역이지만 무엇보다 캠프의 중요성을 깨달은 아트 코리아는 김 목사님이 개최하시는 캠프에 전적으로 함께하기로 했다.

"이 후로는 누구든지 나를 괴롭게 하지 말라 내가 내 몸에 예수의 흔적을 지니고 있노라."(갈6:17)

위 성구를 토대로 캠프를 통하여 예수의 흔적을 남기자는 의미로 '흔적 캠프'가 시작됐다. 김 목사님이 일 년 동안 조명 사역을 하시면서 낸 수익으로 캠프 경비를 전적으로 부담하여 참가자들에겐 회비를 받지 않는 무료 캠프로 진행했다. 특정한 기준을 세워 미자립 교회만 엄선해서 신청서를 받았다. 김 목사님과 아트 코리아 멤버들이 주축이 되어 기도하며 회의를 통하여 프로그램을 짜고 행정적인 준비도 모두 함께했다. 2박 3일 동안 문화 사역자가 선생님이 되어 각기 다른 아카데미 반을 진행하는 게 흔적 캠프의 특색이다. 보컬 반, 블랙 가스펠 반, 밴드 악기 반, 랩반, 워십 댄스 반, 비보이 반, 가스펠 매직 반 등 캠퍼들이 배우기를 원하는 분야에 지원하여 캠프 기간 동안 배우고, 각자 교회에서 예배를 위해 섬기는 것이 목적이다.

사역자들 또한 준비 기간부터 캠프 기간까지 무보수로 섬긴다. 캠프 성수기 시즌에 다른 스케줄을 제쳐두고 4,5일 동안 흔적 캠프를 전적으로 섬기기 쉽지 않지만, 마지막날 참가자들이 변화된 모습을 보면 그만큼 값신 것이 없기에 매해 섬기게 된다. 밴드와 보컬팀은 찬양팀으로 섬기고 댄스팀은 찬양에 맞춰 율동으로 직접 예배의 자리에 선다. CCM 콘서트 시간엔 여러 팀이 연합한 콜라보 무대를 준비하여 더욱 화려하고 은혜로운 퍼포먼스를 선보인다.

직접 주방에서 요리하거나 배식으로 섬기는 사역자도 있다. 집회 후에 기도회 때는 아카데미 반 별로 모여 선생님인 사역자가 직접 기도회를 인도하여 반 아이들의 손을 잡고 함께 울며 기도한다. 마지막날 밤에는 애찬식을 통해 캠퍼와 사역자가 서로 돌아다니며 떡을 떼고 서로 부둥켜안고 축복 기도를 한다. 폐회 예배 때는 화려한 밴드 없이 각자 교회로 돌아가서 실질적으로 찬양할 수 있도록 최소한의 악기로 찬양한다. 이때가 되면 첫날 어색한 모습은 사라지고 모두 목소리만으로도 신나게 찬양할 수 있게 되고, 프리스타일 랩으로도 주님을 높인다. 이런 프로그램으로 사역자들이 직접 운영하는 캠프는 국내에서 유일하다.

한번은 흔적 캠프 시작 전날 미리 캠프장에 내려가 있었는데, 그날 밤 예상치 못한 폭설이 쏟아졌다. 그다음날 캠퍼들이 전국에서 모여야 하는데 고속도로를 비롯해 모든 도로가 마비 상태에 가까웠다. 몇 개의 교회가 캠프에 불참할 수밖에 없다는 전화가 왔다. 그래도 천천히라도 오고 있는 참가 교회를 위해 계속 기다렸다. 나를 비롯한 몇몇 자매 사역자는 캠프장에서 꽤 높은 산 중턱에 숙소가 마련되어 있어 폭설 때문에 꼼짝 없이 갇히게 됐다. 온종일 숙소에서 굶으며 눈이 조금이라도 녹길 기다렸다. 캠프 시작 7-8시간이 지난 뒤에야 캠퍼들이 속속들이 도착하기 시작했다. 포기하지 않고 개미 기어가듯 느릿느릿한 도로 상황을 견디며 캠프장에 도착한 이들이 매우 귀했다. 그래서 더욱 은혜가 있는 캠프였다.

캠프가 끝나고 사역자들이 함께 제대로 씻고 쉬며 피드백을 나누기 위해 찜질방에 갔다. 탈의실에서 옷을 갈아입고 올라가려는데 체기가 온 듯 구토가 나고 너무 힘들어 라커룸에 드러누웠다. 땀이 나면서 구토와 설사 증상이 같이 왔다. 신음이 절로 나면서 도저히 일어날 수가 없었다. 같이 있던 자매들이 급히 김 목사님을 불러 나를 업어 응급실로 데려갔다. 흔적 캠프 전부터 하루에 몇 번씩 전국을 다니며 캠프 사역을 하다가 폭설로 인해 종일 음식도 못 먹고 바로 캠프를 진행한 탓에 면역력이 떨어져서 온 장염이었다.

특히 나는 찬양팀과 아카데미 반, 리더십을 모두 맡고 있어서 쉴 틈과 잘 시간 없이 계속 강행군을 펼쳤기 때문에 병이 난 것이다. 병원 화장실로 뛰어가 구토와 설사를 쉴 새 없이 했다. 이렇게 괴로운 적은 처음이었다. 수액과 주사를 맞고 조금 가라앉아서 수시간 후 퇴원했는데, 집에 가는 길에도 계속 구토하며 힘들어 했다.

덕분에 흔적 캠프의 룰이 하나 생겼다. 찬양팀이든 아카데미 반이든 둘 다 맡는 것을 금하고 둘 중 하나에만 집중하여 섬기는 것이다. 사역자들이 체력 안배를 잘하여 나같이 병나지 않고 잘 마무리하는 것도 하나님이 기뻐하시는 일이기 때문이다.

캠프는 참으로 귀하다. 하지만 방학 기간도 짧아지고 부모들이 학원에 보내느라 캠프를 못 가게 해서 문 닫는 캠프가 속속들이 늘어간다. 공부보다 중요한 것이 하나님을 인격적으로 만나 인생이 변화되어 구원받는 것임을 부모와 자녀가 깨달아서 현재 미전도 종족의 수치로 전락한 청소년 선교가 확장되길 기도한다.

"사역자는 캠프 사역의 중요성을 깨닫고 열심히 섬겨야 한다."

Blessing Thailand의 레알 치유의 축복

텃세가 심하고 쉽게 마음을 열지 않는 태국 크리스천 단체와 교회 때문에 히스팝이 태국에서 문화 선교를 펼쳐 가는 데 많은 어려움을 겪었다. 또한 분열과 시기의 영이 가득한 땅이라 기독교 공동체 내에서도 서로 경계하고 이간질하는 일도 많았다. 그래서 초반에 태국에서 자리 잡고 문화 선교를 시작하는 데 방해하거나 의심하는 세력이 낳았다. 하지만 하나님의 도우심으로 기도와 인내로 극복해 내어 문화 사역의 필요성을 알리고 태국의 크고 작은 선교 단체와 연합하여 선교를 확장해 나갔다. 그 결과 중 하나가 바로 'Blessing Thailand' 집회이다.

히스팝을 포함한 현지 여러 선교 단체가 연합하여 젊은이들을 위한 대규모 콘서트와 집회를 기획하였다. 태국 유명 가수이자 피아니스트 토 삭싯을 포함한 여러 크리스천 톱 가수들이 섭외됐고, 한국에서는 해나리, 공민영, 부산 주의길 교회 문화팀이 게스트로 출연하게 됐다. 주의길교회는 200여 명의 젊은 층 성도가 주를 이루는 중형 교회이다. 선교를 향한 담임 목사님의 비전과 열정이 커서 반 이상의 성도가 난타, 보이 그룹 커버, 한국 무용 등을 연습하고 마스터해 태국을 축복하고자 자비량으로 이번 집회에 참석하게 되었다.

방콕의 큰 돔을 대관해 낮엔 유명 강사 목사님의 주옥같은 말씀으로, 저녁엔 아티스트의 콘서트로 기획한 Blessing Thailand는 5,000여 명의 젊은 참가자와 수백 명의 스텝 및 출연진으로 구성되었다. 히스팝을 통해 연합이 어려웠던 여러 선교 단체가 한자리에 모여 함께 머리를 맞대고 기도하며 집회를 기획하는 역사적인 일이 일어난 것이다. 집회를 위해 한국에서도 중보하며 콜라보 무대 및 퍼포먼스를 열심히 준비했다.

내가 태국 공연을 앞두고 댄스 트레이닝을 받고 있던 어느 날이었다. 열심히 트레이닝하는 가운데 높이 점프하고 균형을 잡아 잘 착지하는 동작을 반복해서 연습하고 있었다. 마지막으로 한 번 점프하는데 공중에서 허리에 통증이 '빠직'하며 와서 착지를 제대로 하지 못하고 넘어졌다.

"으악!"

소리를 지를 정도로 아팠다. 일시적인 현상인 줄 알고 나만 잠깐 앉아 쉬기로 했다. 소파에 앉아 허리를 접었다 폈다 반복도 해보고 일어나서 슬슬 걸어도 봤는데 통증이 완화되지 않고 더 심해졌다. 급기야는 앉아 있지도 못할 정도로 아파 눈물이 날 정도였다. 동료들의 부축을 받아 겨우 차에 타서 병원으로 향했다.

엑스레이를 찍는데도 너무 아파서 한참 걸리고, 부축받아 화장실에 가는데도 그렇게 고통스러울 수가 없었다. 검사 결과, 수년 전에도 아파 고

생했던 허리 통증이 재발했는데 이번에는 디스크가 심하게 튀어나온 것이다. 첫 통증 이후 제대로 허리 근육 강화 운동을 해야 했는데 바쁜 스케줄을 핑계로 제대로 관리를 못한 데다 태국 사역을 준비하느라 안 쓰던 근육을 무리하게 사용해서 통증이 온 것이다. 태국행 비행기 출발 날짜는 일주일도 안 남았는데 허리가 아파서 갈 수 없을 것 같았나 했다. 그래서 태국 측에 연락해서 자초지종을 이야기했다.

"단장님, 저 허리를 심하게 다쳐서 지금 걷지도, 움직이지도 못하는 상황이에요. 비행기 못 탈 것 같은데 어쩌지요?"

"해나야, 많이 힘들겠구나. 하나님이 어떤 마음을 주시는지 같이 한번 기도해 보자."

나는 며칠 동안 경과를 지켜보며 기도했다. 아주 조금씩 나아지긴 했지만 앉아 있거나 걷는 데는 여전히 무리가 왔다. 하지만 계속 기도하는 가운데 태국에 가라는 마음을 주셨다. 히스팝 단장님의 생각도 나와 같았다.

"해나야, 믿음을 가지고 오렴. 하나님이 해나를 통해서 하실 일이 있다는 마음을 주시네."

비행기 티켓을 취소하지 않고 순종하여 태국에 가기로 결심했다.

공항에서부터 비행기 안에서까지 총 9시간 넘게 통증과 싸워가며 태국에 도착했다. 차에서도, 숙소에서도 계속 누워 있을 수밖에 없었다. 집회 전 며칠간은 전 한국 멤버들이 집회 홍보를 위해 젊은이들이 많이 모이는 곳에서 노방 공연을 하고, 매일 새벽부터 기도와 예배로 준비했지만, 나는 한 번도 참석할 수가 없었다. 그저 약을 먹고 따뜻한 핫팩을 허리에 대고 주님이 속히 치유하시기를 바라며 숙소에 누워서 기도하는 것밖에 할 수 있는 일이 없었다.

집회 당일이 되었다. 행사장에 도착해 보니 어마어마하게 큰 돔 안에 큰 무대, LED 스크린, 화려한 조명과 음향이 설치되어 있었다. 그리고 손을 모아 기도 드리는데 환상을 보여 주셨다. 큰 돔 가운데에 그곳을 가득 채울 수 있을 만한 크기의 왕좌가 자리 잡고 있는 것이었다! 왕 되신 하나님이 그곳에 임재하시고 집회를 통해 역사하실 것이란 의미였다!

'아! 주님이 오늘 일하시겠구나. 놀랍고 선한 일이 일어나겠구나!'

환상을 통한 임재와 주님이 주시는 마음에 압도되어 하염없이 눈물이 쏟아졌다.

리허설에 들어가기 바로 직전 모든 스텝과 출연진이 모여 합심 기도를 했다. 200여 명이 손잡고 큰 원을 만들어 행사장을 채웠다. 태국말로, 또 한국말로 집회를 위해 통성으로 기도하는데, 그 큰 돔 안이 쩌렁쩌렁 울릴 정도로 간절히 기도했다. 두 민족이 한 영으로 합심해서 기도하니 그 영적인 파워가 소름끼칠 정도로 봄과 마음 깊숙이까지 와 닿았다.

"하나님, 오늘 이곳에 임재하여 주세요! 잃어버린 많은 영혼을 보내 주시고 그들을 만나 주세요! 태국 크리스천을 통하여 많은 젊은이가 변화되고, 그들을 통하여 우상이 득실거리는 이 땅에 예수 그리스도의 복음이 전파되게 해주세요!"

나는 기도회를 마치고 대기실에서 누워 있다가 내 차례가 되어 리허설을 시작했다. 무대를 돌아다니며 모니터도 꼼꼼히 체크하고, 조명 자리도 체크했다. 매 공연 전 사운드를 체크할 때마다 객석 구석구석을 돌아다니며 소리 전달력을 꼼꼼하게 확인하는데, 이번 공연장에서도 예외는 아니었다. 반주에 맞춰 연주하면서 그 큰 5,000석 이상의 규모를 다 밟아 보고, 음향과 조명 감독이 있는 콘솔까지 가서 그들과 대화하며 조정했다. 그러자 멤버 중 한 명이 물었다.

"해나리 자매! 이렇게 돌아다녀도 허리 안 아파요? 괜찮은 거예요?"

나는 그제야 리허설 전까지 내 허리가 심하게 아팠다는 걸 자각했다.

"아, 맞다! 나 허리 아팠지? 어? 그런데 내가 어떻게 이렇게 통증을 못 느끼고 걸어 다녔지? 생각해 보니 허리가 안 아픈 것 같아요~!"

걸어 다녀도 보고 앉아서 허리를 앞뒤로 움직여도 봤는데, 정말 허리에 통증이 사라진 것이다! 기도회 때 나의 기도, 아니 우리 기도를 들으시고 내 허리를 치유하셨다!

"할렐루야! 살아계신 하나님을 찬양합니다! 작은 신음에도 응답하시고 내 기도를 들어 주신 하나님께 감사와 영광 올려드립니다!"

모든 행사 관계자가 하나님이 나를 통해 역사하시는 걸 목도하는 기적 같은 일이 일어난 것이다. 내가 만약 순종하지 않고 태국에 가지 않았더라면 허리가 계속 아팠을 것이다. 하지만 주님께 간구하며 음성에 귀 기울이고 순종했더니 나에게 놀라운 일을 행하신 것이다. 많은 영혼을 구원하시기 위해 나를 태국에 보내신 이유도 있지만, 내 허리를 다시 한 번 기적과 같이 치유하시기 위해, 또 집회를 준비하는 모든 이에게 하나님이 일하신다는 확신과 메시지를 주시기 위해 보내셨다는 걸 확신하게 되었다.

집회는 대성공이었다. 세계 각국에서 오신 강사님들의 메시지를 통해 5,000여 명의 태국 젊은이들의 심령이 깨어졌다. 이후 한국 크리스천 아티스트의 공연과 태국 연예인들의 찬양 및 간증을 통하여 복음이 증거되고 함께 기뻐 춤추며 찬양하는 천국 잔치가 그곳에서 이루어졌다. 이미 오래전부터 이 잔치를 계획하고 우리를 통해 이루어 나가신 분은 하나님이라는 것을 깨닫고, "주님이 하셨습니다"라는 말만 내 입술을 통해 고백되었다.

"사역자가 믿음으로 순종하며 발걸음을 뗄 때 주님께서 놀라운 일을 행하신다."

해나리의 찬양 이야기 3
주 없이 살 수 없네

나 홀로 있어도

아픈 마음 감싸줄 사람

하나 없어도 살 수 있어

나 꿈이 없어도

저 아름다운 수많은 별들

만질 수 없어도 살 수 있어

세상 소중한 모든 것

나 가질 수 있어

하지만 나의 마음속에 주님의 소망이 없이는

단 하루도 살 수 없네
주님의 사랑의 팔로 날 안아주지 않는다면
단 한순간도 못 사네
난 주 없이 살 수 없네

오 주님 내 생명 되시네
내 호흡과 같네
오 주님 내게 모두 주셨네
주 나의 모든 것

진실로 나의 마음속에 주님의 소망이 없이는

단 하루도 살 수 없네
주님의 사랑의 팔로 날 안아주지 않는다면
단 한순간도 못 사네
난 주 없이 살 수 없네
난 한순간도 못 사네
난 주 없이 살 수 없네

"하나님, 제가 조금 다쳐도 이렇게 아프고 불편한데요,
주 없이는 어떻게 살 수 있겠습니까?
이 정도로만 다치게 해주셔서 감사합니다.
나를 떠나지 않으셔서 감사합니다.
내 인생이 주 없이는 살 수 없는 인생이어서 감사합니다."

아픈 몸으로 연주하면서
내내 너무나도 감사한 마음에
눈물을 흘리며 진정한 감사 찬양을 올려드렸다.
나뿐만 아니라
아픈 몸으로 연주하는 모습을 보고
모든 사람이 감동하여 눈물 흘리며
찬양을 듣는 감사한 시간이 되었다.

PART 4

미국 투어 with 레위 합창단

'애앵~~~! 애앵~~!'

"Pulll over! pull over!"(차 옆길로 대세요!)

네 대의 같은 밴 차량이 미국 고속도로를 앞뒤로 나란히 달리면 흔히 들을 수 있는 경찰의 지시 소리다.

"Can I see your license, please?"(운전 면허증 좀 보여주세요.)

"Where are you headed?"(어디로 가고 있나요?)

경찰의 신원 확인과 함께 네 대의 같은 차량이 어디를 향하고 있는지 질문을 받는 것도 나에겐 익숙한 일이다. 초등학생부터 60대 어른까지 30여 명으로 구성된 레위 합창단이 미국 투어 공연을 다니는 길에는 거의 이렇게 매일 경찰을 만난다.

"We are a choir from Korea on a mission trip."(한국에서 선교하러 온 합

창단입니다.)

이렇게 대답하면 쉽게 보내준다. 기독교 인구가 50퍼센트 가까이 되는 미국 땅에서 선교팀은 대환영이다. 그렇게 신원 확인이 끝난 우리는 앞으로 몇 시간이나 더 가야 될지 모르는 길을 다시 출발한다. 레위 합창단은 연 2회, 31일 동안 미국 남부와 북부를 서쪽부터 동쪽까지 횡단하며 현지와 한인 교회에서 합창 공연을 하는 단기 프로젝트 합창단이다. 미국을 순회하며 관광과 찬양하기 원하는 사람을 모집해 수개월 동안 매주 모여 성가곡을 연습하여 공연 준비를 한다. 어린이와 어른 구분 없이 모두 모집 대상이기 때문에 다양한 연령층이 합창한다. 나는 합창단 연습에 다 참석할 수 없어 게스트 순서 솔로 연주자로 대열에 합류했다. 내가 간 기수는 미국 남부 지역을 순회했는데, LA에서 시작해서 Tucson - San Antonio - New Orleans - Miami - Oklahoma City - Las Vegas - LA 경로였다. LA공항에서 그랜드 스타렉스보다 조금 더 큰 대형 밴 네 대를 대여해 30여 명이 나눠 타고 미리 연락이 된 도시의 교회까지 차로 이동하며 공연하는 것이다. 두세 명씩 나뉘어 교회 교인들의 집에서 하루나 이틀씩 숙박하고 또 다음 도시로 이동하기를 반복하는 일정이다.

단원들을 처음 만난 것은 공항이었다. 초등학생 수가 가장 많았고 그 다음으로는 청소년, 그리고 내 또래도 있는 청년과 장년이 있었다. 미국엔 처음 가보는 거라 설레는 마음으로 세관 통과소로 갔는데, 심사원이 뉴질랜드 여권을 보고 의구심을 품었다. 한창 테러 사건이 일어난 때라 그런지 외국 국적을 가진 한국인이라 검사하는 곳으로 끌려갔다. 언제 뉴질랜드 국적을 취득했는지, 왜 한국에 거주하는 건지, 미국엔 왜 가려는 건지 심문하듯 질문했고, 갖고 있던 내 전자 바이올린도 샅샅이 검사했다.

"얼마나 더 걸릴까요? 비행기 시간이 다가오고 있어서요. 30여 명의 일행이 저를 기다리고 있어요. 제발 보내 주세요."

"검문 마칠 때까지 못 나갑니다. 이번 비행기 못 탈 각오도 하세요."

검사관이 무심하게 대답했다. 밖에서 기다리는 멤버들이 걱정하고 있을 게 뻔했다. 내가 만약 다음 비행기를 타고 가야 된다면 미국 투어의 모든 스케줄이 다 틀어지고 어긋나거나 나는 아예 투어에 합류 못 할 수도 있다.

'하나님, 저 잘못한 거 없잖아요. 이렇게 갇혀 있다가 비행기 못 타게 되면 선교하러 못 가게 됩니다. 제발 도와주세요. 검사가 빨리 끝나게 해 주세요.'

속으로 계속 기도했다. 이 기도에 하나님이 응답하셔서 아슬아슬하게 출발 시간에 맞춰 풀려나게 됐고, 게이트까지 바이올린과 짐을 들고 열심히 뛰어가 겨우 비행기를 탈 수 있었다. 레위 합창단은 이미 수년간 주기적으로 순회 공연을 해온 터라 항상 가는 교회가 지정되어 있다. 물론 다른 교회에도 소개가 되어 새로 방문하는 교회도 있고, 교회마다 여건이 안 되는 곳은 한두 해 건너뛰기도 한다. 지휘자와 단장 이외에는 멤버와 성가곡이 항상 바뀌기 때문에 그 교회들은 항상 레위 합창단을 환영한다. 현지 교회는 한국 교회와는 사뭇 다른 자유로운 분위기로 곡이 끝날 때마다 우레와 같은 박수와 함성으로 격려해 준다. 특히 합창단이 옷 갈아입는 사이에 내가 반짝이 미니 드레스를 입고 전자 바이올린 연주를 하면 기립박수까지 터져 나온다. 아무리 미국이 문화적으로 앞서 나가는 선진국이라 해도 특정 대도시에서만 그렇고, 변방 도시는 오히려 한국보다 문화적으로 한참 뒤처져 있기 때문에 전자 바이올린 연주를 처음 보는 사람이 대부분이었다. 짧은 시간 동안이지만 영어로 간증도 나눠서 공연이 끝나고 나서 나에게 다가와 큰 은혜를 받았다고 말해 주는 성도가 많아 하나님이 나를 미국에 보내신 이유를 깨닫게 되었다.

국제 면허증을 소장한 운전 가능한 어른이 나를 포함해 딱 8명이었다. 그래서 한 대에 운전자 두 명씩 탑승해 교대로 운전해야 했다. 미국 땅이 워낙 넓기에 어떤 날은 3시간, 또 어떤 날은 10시간씩 운전해서 이동해야 했다. 장시간 운전하면 목과 어깨 근육이 결리고 허리가 아프다. 그럴 때마다 비운전자들이 안마와 마사지를 돌아가며 해줬고, 31일 동안 24시간 함께하며 각별한 정이 생겨 남녀노소를 불문하고 똘똘 뭉쳤다. 또한 그랜드 캐니언과 미시시피강, 폭포 등 대자연을 보며 하나님의 놀라우심을 찬양할 수밖에 없었다. 매일 아침 경건회를 드리고 찬양하다 보니 모두 영적으로 충만해졌다. 하루는 차로 이동 중에 어린이들만 탑승한 밴에서 놀라운 일이 벌어졌다. 어린이들이 미국 땅을 위해, 또 찬양 집회를 위해 기도하는 도중에 성령이 임하셔서 거의 전원이 방언을 받는 역사가 일어난 것이다! 어린이들이 순수한 마음으로 드리는 기도 가운데 성령 체험을 한 것이다. 또 한 번은 미국 현지 교회에서 저녁 시간에 기도회를 갖는데 어린이 중 한 명이 십자가가 걸린 벽을 보며 "어!? 십자가 옆에 천사가 보여요!"라고 말하며 활짝 웃는 것이다.

"어디? 천사가 어디 있는데?"

"저~기 십자가 오른쪽에 천사가 있잖아요!"

내 눈에도, 다른 어른들 눈에도 아무것도 안 보였지만 그 순수한 어린아이 눈에 하나님이 환상으로 천사를 보여 주신 것이다.

반면 우리 찬양을 방해하는 세력도 있었다. 자기 전 쉬는 시간을 이용해 내 또래 청년들과 청소년 몇 명이 그룹을 지어 기도하고 있었다. 그런 데 청소년 그룹에서 한 자매가 갑자기 구토하면서 어지러움을 호소했다. 그리고 그 자리에 누워서 신음과 더불어 괴이한 소리를 같이 내는 것이다! 그래서 내가 다가가서 보니 단순한 질병 증상이 아닌 사단의 역사 같 았다.

"얘들아, 다 같이 윤경이 손과 발을 잡고 기도하자. 아무래도 윤경이가 하나님께 나아가는 걸 사단이 싫어해서 방해하는 것 같아."

거기 모여 있는 모두가 그 자매를 잡고 기도하기 시작했다. 대적 기도 와 방언 기도를 계속하고 찬양을 올려드리기를 반복한 지 한 시간 정도 지났을 때, 그 자매의 돌아가 있던 눈이 다시 정상으로 돌아왔다.

"무슨 일이 있었던 거예요? 왜 제가 누워 있죠?"

이렇게 말하면서 자매가 누워 있던 몸을 일으켰다. 무슨 일이 있었냐 는 듯 아무렇지도 않게 일어나 앉은 자매를 보고 사단을 대적하여 이기시 고 물리치신 하나님께 영광과 찬송을 올려 드렸다.

관광과 도박으로 유명한 화려한 도시 라스베이거스는 영화에 자주 등 장하여 많은 이들이 한 번쯤 가 보고 싶은 곳으로 꼽힌다. 나 역시 라스베 이거스에 들른다는 말에 가슴이 무척이나 설렜다. 그 전 도시에서 꽤 먼 거리에 있는 라스베이거스로 가는 길은 멀고도 험했다. 아침에 출발해서 라스베이거스에 가까워질 때 쯤엔 점점 어둑어둑해지기 시작했다. 그리 고 드디어 10킬로미터 정도 남았다는 표지판을 보고 '이제 거의 다 왔구 나! 조금만 더 힘내자!'라고 생각하며 운전하는데, 갑자기 속이 이상해지 기 시작했다. 점심 먹은 지 시간이 꽤 지났기 때문에 체기 증상이 이제서 야 나타나지 않을 텐데 계속 헛구역질이 났다. 이대로 계속 운전할 수 없어 잠깐 차를 세워 운전을 교대하고 보조석에 앉아 계속 헛구역질을 했다. 토하진 않았지만, 구역질과 어지럼증이 점점 심해져 라스베이거스에 도착해서까지 정신을 못 차렸다. 멤버들 모두 차에서 내려 사진 찍고 구경하러 돌아다녔지만 난 눈도 제대로 뜰 수 없을 정도로 몸이 힘들어서 밴에 계속 누워 있어야만 했다. '이게 무슨 일이지? 하나님, 저도 내려서 구경하고 싶은데, 몸이 갑자기 왜 이럴까요? 몸이 금방 좋아지게 도와주세요.'

기도하면서도 괴로워서 끙끙 앓았다. 한 시간 반이 지나고도 내 증상이 호전되지 않자 빨리 숙소에 가서 쉬어야 한다고 판단해 정해진 숙소가 있는 옆 도시로 모두 이동했다.

라스베이거스에서 출발한 지 10분 정도가 지났을까? 내 상태가 급격히 좋아지기 시작했다. 약을 먹은 것도 아닌데 구토와 어지러움 증상이 차차 사라지고 몸이 정상으로 돌아왔다! 누워 있던 몸을 일으키고 앉았는데, 언제 아팠냐는 듯 멀쩡해진 것이 스스로도 느껴졌다.

"어!? 몸이 안 아파요! 정상으로 돌아온 것 같아요!"

라스베이거스를 떠나자마자 순식간에 몸이 회복된 나를 보고 모두 놀라움을 금치 못했다. 아무래도 하나님이 우리가 라스베이거스의 화려함에 현혹되거나 죄 짓지 못하게 하시려고 나를 통해 오래 머물지 않게 하신 것 같다. 특히나 잘 휘둘리는 연약한 나는 아예 눈 뜨고 보지도 못하게 하신 듯싶다. 기대했던 라스베이거스는 구경을 못 했지만, 주님의 뜻을 헤아리고 나니 오히려 세세하게 간섭해 주신 주님의 은혜에 감사드리는 계기가 되었다.

"사역자가 영적으로 예민하고 바로 서 있어야 하나님의 일하심을 체험하게 된다."

하지메마시데

가장 가깝고도 먼 나라 일본은 선교하기 굉장히 어려운 나라이다. 타인에 대한 배려심과 예의가 과할 정도로 각별한 나라이기 때문에 겉으로는 상대방의 이야기를 듣고 모두 동의하는 것 같지만 속으로는 받아들이지 않는 강퍅함이 있다. 그래서 일본 기독교인들은 남에게 피해를 줄까봐 전도하는 것을 꺼리고, 반대로 비기독교인은 누군가에게 전도를 당하는 것이 쉽지 않다. 그런 일본에 내가 여러 차례 갈 수 있었던 것은 '악기연주자'라는 이점이 있었기 때문이다.

'미도리노 교회'는 일본 '요코하마시'에 위치한 작은 일본인 현지 교회이다. JEM일본 복음선교회에서 파송된 고 선교사님께서 사역하시는 교회라 특별한 절기나 행사 때 한국 문화 선교팀을 초청하여 문화 사역을 진행한다. 나도 '미도리노 교회'에서 초청되어 일본을 방문하게 되었다.

일본의 기독교 역사는 깊지만, 기독교 인구는 현재 0.5퍼센트가 채 되지 않는다. 그러기에 현지 교회들은 대부분 규모가 작다. '미도리노 교회'도 아동부부터 장년층까지 다양하게 어우러진 작은 규모의 교회이다. 하지만 규모가 작다고 해도 초등학교부터 신학대학까지 미션 대안학교를 운영하고 있고, 청년들이 굉장히 활발하게 활동하는 탄탄한 교회이다. 가족 같은 분위기지만 군대같이 잘 훈련이 된 교인들의 모습에 감동하지 않을 수가 없었다.

매일 학교 학생들과 직원들의 식사를 교인들과 교역자들이 함께 준비한다. 멘토 크루와 함께 갔을 때는 총 식사 인원이 60여 명이 되었기에 우리도 조를 짜서 같이 식사 준비를 하고 설거지를 했다. 혼자 사역을 다닐 때는 초청하는 사역지에서도, 나도 큰 부담이 없기에 식사에 대한 생각을 깊게 안 해 왔지만, 20여 명이 되는 멘토 크루와 다닐 때는 양쪽 모두 부담을 느낄 수밖에 없다. 그래서 멘토 크루는 사역지에서의 식사 준비와 청소는 최대한 돕는다. 이를 통해 나도 사역지에 가서 음식을 대접받을 때 수저를 놓거나 물을 따라 놓거나 반찬을 떠 오는 등 내가 할 수 있는 일은 가장 먼저 하는 훈련이 되었다.

또 일본에서는 특히나 교회 건물 내의 숙소에서 다른 자매들과 같이 자기 때문에 일거수일투족 감시를 받는다. 한국에서 온 '사역자'이기 때문에 매사에 본보기를 보여야 한다. 그래서 공연 시간 이외에 공동체 생활에 항상 참석해야 하고, 예배와 기도, 말씀 생활에 주력해야 하기에 나만의 시간을 홀로 갖는 것이 거의 불가능하다. 화장실도 교회에 있는 공동 화장실을 사용해야 해서 첫 방문 땐 일주일 동안 큰일을 못 봐 변비에 걸린 적도 있었다. '미도리노 교회'에 사역을 하러 가게 되면 화장실 용무에 대해서는 내려놓고 가야 한다.

매해 크리스마스 시즌 때마다 마을 회관이나 스타디움 등에서 지역 주민을 위한 콘서트를 연다. 그래서 내가 그 콘서트의 메인 아티스트로 초청이 되어 연주하게 되었다. 일어로 찬양곡을 부르게 되면 지역 주민들에게 거부감을 줄 수 있지만, 연주로 찬양을 하는 것은 무조건 오케이다. 크리스마스 캐롤부터 잘 알려진 클래식곡들, 그리고 Amazing Grace와 같이 잘 알려진 찬양곡을 연주했다.

대학생 때 왼팔에 마비 증상을 겪어 바이올린 학업을 진행하지 못할 때 일본어 수업을 들었던 것이 주님께서 나를 일본으로 선교를 보내시기 위한 준비 과정이었음을 깨달았다. 완벽하게 구사하는 일본어 수준은 아니지만 어느 정도의 간단한 일본어 회화는 가능했기에 공연 중간마다 일어로 멘트를 했다. 재뉴교포인 한국인이 일본에 가서 본인들의 언어로 소통을 한다는 것 자체가 그들에게는 큰 의미이자 감동이었나 보다.

"일본에 와 줘서 정말 고맙습니다. 큰 감동을 받았습니다. 다음에 또 와 주실 날을 기대하며 기다리겠습니다."

콘서트가 끝나고 많은 지역 주민들이 나에게 다가와서 여러 차례 허리를 굽혀 인사를 했다. 나로서는 정말 감사한 일이었다. 그리고 이 콘서트를 통하여 비기독교인들이 기독교와 '미도리노 교회'에 긍정적인 마음을 갖게 된다면 그야말로 주님 뜻을 이루는 것이라 여겼다.

일본 '나가노현'의 한 캠프장에서는 매해 두 차례씩 유스 캠프(Youth Camp)가 진행된다. 2박 3일 동안은 초등학생을 대상으로, 또 다음 2박 3일은 십대들을 대상으로 '미도리노 교회'에서 진행을 한다. 교회의 기존 학생들은 물론이고 외부의 친구들도 초청하여 하나님을 집중적으로 알아 가고 만나는 시간을 갖는다. 나는 이 캠프 시즌에도 초청되어 가게 되었다.

'요코하마'에서 차로 한참을 이동해 도착한 캠프장은 산 중턱에 있었다. 근처에는 논 밖에 없는 황량한 곳이었다. 캠프 시작 전에 미리 도착한 우리는 숙소에 짐을 풀고 캠프장 청소부터 시작했다. 자주 사용하지 않는 곳이기에 뽀얀 먼지가 이곳저곳에 가득 쌓여 있었다. 그러고는 형제들은 논으로 나가서 벼를 베는 작업을, 자매들은 부엌에서 청소와 식사 준비를 했다. 한국에서는 찬양 사역자가 캠프 사역에 초청되어 가게 되면 본인에게 맡겨진 시간에만 잠깐 가서 사역하고 바로 그 자리를 뜬다. 그래서 캠프의 전반적인 흐름을 파악하거나 캠프 참가자들을 위해 섬길 수 있는 것이 제한적이다. 하지만 일본에서는 캠프 시작 전에 미리 캠프장에 도착해 참석자들을 위해 기도하며 준비하는 시간을 갖게 되니 그들의 영혼을 향한 마음이 더 커지게 되었다.

드디어 캠프 당일 날, 캠프 참가자들이 탄 밴이 도착했다. '미도리노 교회' 교사들과 청년들이 수개월 준비한 알찬 프로그램의 캠프가 시작된 것이다. 어색해 하는 캠프 참가자들을 맞이하기 위해 청년들이 '피카추' 등의 애니메이션 캐릭터의 의상을 입고 등장했다. 금세 분위기가 풀어졌고, 말씀과 레크레이션, 연극 등의 프로그램들이 술술 진행되어 갔다. 나의 연주 시간에는 워낙 환호성을 지르거나 반응을 크게 하는 일본 문화가 아님에도 뒷부분으로 갈수록 전자 바이올린 연주에 반응하기 시작했고, 간증할 때는 똘망똘망한 눈으로 경청하며 감동받았다. 나는 연주 시간 이외에도 내가 도울 수 있는 프로그램이 있다면 참석해서 돕고, 저녁 예배 시간에는 함께 참석하여 뒤에서 그들을 위해 기도하는 중보자 역할을 감당했다. 이렇게 캠프의 시작부터 끝 시간까지 참석하고 나니 몸은 굉장히 피곤하고 힘들었지만, 오히려 내가 영적인 충전을 받고 새 힘을 얻어 이런 기회를 주신 주님께 감사했다.

고 선교사님께서 일본을 방문한 김에 캠프 이외의 일정을 연결해 주셨다. 오랫동안 일본에서 선교하고 계신 도쿄에 있는 박 선교사님의 교회를 포함한 몇몇 한인 교회에서도 사역했고, 나고야에 있는 아담한 일본인 교회에서도 간증과 찬양 사역을 감당했다. 고 선교사님께서 특별히 내 간증문을 일어로 번역해 주셔서 통역 없이 현지인들에게 간증을 할 수 있어 훨씬 수월했고 은혜도 더 했다.

몹시 아름다운 마을 '마쓰모토시'는 특별히 기억에 남았다. 산에 둘러싸여 있는 작은 마을은 일본의 전통이 고스란히 남아 있었다. 예쁜 일본식 옛날 가옥과 상점들이 아기자기하게 모여있었다. 그런 고립된 마을에도 크리스천들이 있었고, 한국 선교사님이 현지인들을 대상으로 작게나마 목회를 하고 계셨다. 일본은 토지에 비해 인구가 많기 때문에 모든 게 작다. 차도, 도로도, 집도, 건물도 다 작기 때문에 마쓰모토의 교회도 아주 작은 공간이었다. 외국에서 전자 바이올리니스트가 온다고 교인들이 친구들을 몇몇 데려오니 30명 남짓 됐는데 예배당 공간이 거의 다 찼다. 내가 설 무대 공간이 거의 없어 특기인 댄스도 보여 줄 수가 없었다. 그저 제자리에서 몇 걸음밖에 움직일 수가 없었다. 천장도 낮아 내가 힐을 신고 바이올린 활을 위로 끝까지 들어 올리지 못해 극도로 조심해야 했다. 세상에서 가장 좁은 무대에서 연주한 듯하다. 나의 퍼포먼스의 50퍼센트 정도밖에 보여 주지 못했지만, 그곳에 모인 모두가 매우 행복해했고, 나에게, 또 선교사님께 고마워했다. 나의 기량을 다 못 보여 주면 어떤가? 모두

가 주로 인해 행복해 한다면 그보다 성공적인 공연이 어디 있단 말인가?

공연을 마치고 특별히 성도 한 분이 초밥과 장어 덮밥을 대접해 주셨다. 바다와 가깝지 않은 내륙에 위치한 도시지만 내가 여태까지 먹어 본 초밥과 장어 덮밥 중 가장 맛있었다. 입안에서 살살 녹는 사시미처럼 일본인들의 마음도 주 안에서 살살 녹아내려 복음화 되는 때가 곧 오리라는 믿음을 가지게 됐다.

"사역자는 무대 외에서의 모든 행동에서도 예수 그리스도를 나타내야 한다."

북경오리? 북경허리?

이웃 나라 중국은 인구도 참 많고 땅도 넓은 나라다. 전 세계에서 인구가 가장 많은 나라라 구원받아야 할 영혼도 많다. 중국의 수많은 도시 중 아직까진 베이징, 상하이, 광저우만 가 봤는데, 같은 중국 땅이라도 도시와 위치에 따라 분위기와 삶의 질이 현저하게 다르다는 걸 느낄 수 있었다. 중국은 누구와 어딜 가고, 또 어디에서 자고 먹느냐에 따라 최상급을 누리거나 최하급을 경험할 수 있는 것 같다. 어떤 화장실은 칸막이 없이 다 뚫려 있어 서로가 보이고, 배설물이 내려가는 변기도 모두 통으로 연결되어 있어 위 칸에서 아래로 흘러가는 시스템으로 되어 있다고 한다. 어려서부터 비위가 약해 바깥에서 화장실도 제대로 못 가는 나는 다행히 그런 곳은 경험하지 않았다.

대학생 때 친언니와 홍콩으로 여행 간 것 외에 연주 일정으로는 처음으로 중국 땅을 밟은 곳이 베이징이었다. 자녀들이 베이징에서 유학 생활을 할 때부터 자주 중국을 방문하신 윤 집사님이 한국에서 내가 사역하는 걸 보시고 중국에 있는 한인 교회 성도들과도 은혜를 나누면 좋겠다 싶어 나를 데려가 주셨다. 마침 베이징 올림픽을 앞두고 대규모 공사를 하고 있어 도심이 심각한 매연으로 뒤덮여 있었다. 윤 집사님이 베이징 구석구석을 구경시켜 주셨는데, 최첨단 디자인의 건축물과 전통 건물이 공존하고 있었고, 특별히 천안문 광장에 모여든 인파를 멀리서 바라볼 때, 그 어마어마한 스케일에 입을 다물 수 없었다.

'하나님, 저 수많은 중국인이 주님의 백성이 되는 날이 속히 오게 해주세요. 이 베이징 땅에 복음의 물결이 흘러 넘치게 해 주세요.'

천안문 광장과 거리에 있는 수많은 인파를 지나치며 속으로 중보했다.

중국에는 수많은 지하 교회가 있지만, 정부의 공식적인 허가를 받은 교회도 몇 군데가 있다. 그중 베이징 21세기 한인 교회는 전 연령층이 골고루 신앙생활 하는 건강한 교회였다. 특별 부흥회 기간에 내가 그곳에 초청된 것이다. 호텔에 짐을 풀고 저녁 집회부터 바로 참석했다. 기독교가 억압받는 나라이니만큼 기독교인이 큰 믿음 없이는 믿음 생활을 하는 게 어렵기에 성도들에게서 구원에 대한 절실함이 느껴졌다. 그래서인지 집회 초반부터 성령의 임재가 강하게 느껴졌다. 집회 도중 기도회가 있어 통성 기도를 하는데 "Glory(영광), glory to God!(주님께 영광!)"이라는 말이 반복적으로 나왔다. 그래서 '아~, 주님께서 영광받길 원하시는 구나!'라고 생각하고 성령이 이끄시는 대로 기도하며 나아갔다.

집회가 끝나고 이찬수 목사님과 저녁 식사를 하며 이야기를 나누었는데, 목사님도 중국에 오시면 성령의 역사를 강하게 느낀다고 말씀하셨다.

또한 윤 집사님은 집회 때 기도하면서 '영광'이라는 단어가 계속 나왔다고 고백하셔서 우리가 한 성령 안에서 한 영으로 기도했다는 사실에 나도 놀라웠다. 그 다음날 내가 인도한 집회 때는 간증과 연주를 통해 큰 은혜와 기쁨을 나누었고, 계속 터져 나오는 앙코르 덕에 집회 시간이 길어졌지만, 그만큼 갈급한 성도들을 보고 오히려 내가 큰 은혜와 도전을 받는 시간이 되었다.

다음 베이징 방문은 유스 코스타 때였다. 대학생 이상의 청년을 위한 코스타와는 달리 유스 코스타는 해외에 있는 청소년을 위한 연합 수련회이다. 베이징 주재원으로 근무하는 남편과 함께 베이징에 사시는 김 집사님이 나를 도와주셨다. 지난번 베이징 21세기 한인 교회에서 내 사역을 보고 은혜 받으셔서 숙식과 의전을 담당해 주셨다. 유스 코스타에서 한인 청소년들 앞에서 연주하고 나왔는데 김 집사님 남편분이 내 공연을 보시고 큰 감동을 하여 저녁 식사를 대접하고 싶다고 하셨다. 교회에 잘 안 나가시는 분인데 주님께서 역사하셔서 감동을 주신 것이다! 그리고 내 평생 처음 가 보는 초호화 레스토랑에서 한 번도 먹어 보지 못한 최고급 식사를 대접받았다. 북경 오리 요리가 그렇게 맛있는 줄 처음 알았다. 해외 사역은 항상 힘들고, 못 먹고 아팠는데 이런 대접을 받아도 되나 싶으면서도 주님께서 베푸신 은혜에 감격해 왈칵 눈물이 났다.

하이힐을 신고 걷고 춤추며 연주 활동을 계속하다 보니 오른쪽 다리까지 저릴 만큼 허리에 통증이 심해질 쯤 베이징에 간 터라 지속되는 요통 때문에 괴로웠다. 사실 무대에 올라가면 온몸이 긴장해서 그런지 어떤 통증도 느끼지 못한다. 하지만 무대에서 내려와 긴장이 풀리면 그때부터 더 심하게 통증이 온다. 유스 코스타 이후에 순복음교회와 온누리교회에서도 사역이 예정되어 있어 기회가 될 때마다 누워서 쉬거나 허리 마사지를 받았지만 쉽게 낫지 않았다.

순복음교회 사역을 위해 대기실에서 메이크업을 하며 준비하고 있었다. 그때 김 집사님이 다가와 내 뒤에서 허리에 손을 대고 기도해 주셨다. 그런데 손에서 따스한 열기가 허리에 쫙 퍼지는 게 느껴졌다.

'손이 참 따뜻하시구나. 따스한 열기가 너무 좋다'라고 생각하고 있는데 그 열기가 점점 더 뜨거워지더니 요통이 완화되는 게 느껴졌다!

'엇!? 이상하다!? 허리가 안 아픈 것 같네? 손의 따뜻한 열기가 전해져서 그렇게 느끼는 건가?'

집사님이 기도를 마치고 손을 떼셨다. 그래서 내가 몸을 앞뒤로 움직여도 보고 일어나서 걸어도 봤는데 통증이 느껴지지 않았다!

"집사님이 기도해 주시고 나서부터 허리가 안 아파요!"

"감사하네요. 사실 얼마 전에 주님이 부족한 저에게 신유의 은사를 허락하셨어요. 오늘도 해나리 자매를 위해 기도하라는 마음을 주셔서 순종함으로 손을 얹고 기도한 거예요. 주님의 은혜가 놀랍네요. 할렐루야!"

평신도지만 기도를 많이 하시고 순수한 믿음을 가지신 김 집사님을 통하여 내 허리를 치유하신 하나님께 감사드리며 나머지 베이징 일정을 무사히 마쳤다.

내가 듣고, 경험한 바로는 성령의 육신의 치유 역사는 크게 두 가지로 나타난다. 첫 번째는 따스한 열기, 두 번째는 전기가 통하는 듯한 쇼크이다. 새끼손가락을 치유받았을 때는 두 가지 증상 모두 없었지만 마음 가운데 강한 확신과 평안함이 임했다. 물론, 육신의 어떤 증상이나 느낌 없이 나도 모르는 사이에 치유받은 적도 있다. 성령의 역사를 사람이 제한

할 수 없지만 이번 허리를 치유받을 때도, 또 내가 동역자와 매니저의 아픈 부위에 손을 얹고 기도했을 때도 따스한 열기가 전달되며 치유하셨기에 그것은 주님의 방법이라 확신할 수 있다.

신유 은사를 받은 사람을 통해 모든 이에게, 또 모든 상황 가운데 치유가 일어나는 것은 아니다. 주님이 허락하실 때만 역사하기 때문에 사람이 교만해지거나 자랑할 수 없다. 악한 세력도 치유로 역사할 때가 있다. 미약한 인간을 현혹하기 위해서다. 하지만 우리가 분별해야 할 것은 치유의 목적이 주님께 영광 돌리는 선한 일을 위함인지, 아니면 인간의 욕심을 채우기 위해서인지다. 또한 한 번 치유해 주신 부위를 관리하지 않고 계속 함부로 쓰면 다시 망가질 수 있다. 하나님이 허락하신 육체를 잘 관리하는 것도 우리가 해야 할 일이기 때문에 한 번 아팠던 부위는 더 잘 관리해서 건강을 유지해야 한다. 그것이 주님께 영광 돌리는 일이고 주님이 바라시는 일이다.

'나에겐 왜 치유로 역사하시지 않을까? 뭔가 확실한 기적을 체험하면 더 믿음이 강해질 텐데…….'

이렇게 생각하는 사람도 많을 것이다. 수많은 기적과 치유를 경험하면 하나님의 살아계심을 믿을 수밖에 없는 게 당연하지만, 경험하지 않고도 믿음 생활을 열심히 하는 게 주님 보시기에는 더욱 큰 믿음이라 생각한다. 또한 의료 시설이 발달한 한국이나 선진국은 병원에 가면 치료받을 수 있기 때문에 후진국에 비해 치료의 역사가 많이 일어나지 않는다. 병원을 세우고 많은 의료진을 허락하신 것도 주님이 베푸신 기적이자, 은혜라는 것을 받아들인다면, 그에 대해 감사하고 주님께 영광 돌리는 것이 바람직한 믿음의 행보가 아닐까 싶다.

"믿음은 바라는 것들의 실상이요 보이지 않는 것들의 증거니"(히 11:1).

"기적과 이적을 경험하지 않아도 굳건한 믿음으로 사역자의 길을 가는 것이 더 큰 축복이다."

태국 파타야 HIV 재활 센터

가장 화려하게 꾸민 트랜스젠더를 볼 수 있는 곳은 태국 파타야의 워킹스트릿이다. 쳐다 보기 민망할 정도로 옷을 과하게 입고 과도한 화장과 높은 힐을 신고 워킹스트릿을 활보하고 다니는 이들이 파타야의 주인인 듯싶다. 방콕에서도 여장 남자나 성 전환자를 많이 봤지만, 관광지인 파타야에서는 급이 달랐다. 그런데 이들 대부분이 관광객을 대상으로 몸을 파는 여성이나 남성이라는 사실에 마음이 너무 아팠다. 또한 청소년 같이 보이는 어린 여성들이 줄지어 호객 행위를 하는데, 몰래 건네주는 전단지에 있는 사진과 내용이 너무도 충격적이었다. 하나님이 주신 귀한 성(姓)이 아무렇지도 않게 상품화되어 쾌락만을 위해 존재하듯 타락한 이 땅을 보며 원통한 마음을 감출 수가 없었다.

워킹스트릿 거리에 줄지어 있는 술집엔 테이블마다 물담배가 있다.

대부분 여행객으로 보이는 손님들이 아무렇지도 않게 돌아가며 물담배를 피우며 쾌락을 즐기고 있었다. 화려한 네온 사인에는 다양한 쇼를 선전하고 있는데, 그중에는 69쇼, 빅아이쇼, 보이쇼 등 성인쇼가 대부분이며, 야한 드레스를 입은 트랜스젠더가 입구에서 손님을 맞이하고 있었다.

마사지 숍 또한 즐비하게 늘어서 있었다. 타이 마사지는 전 세계적으로 유명하지만, 이곳 워킹스트릿의 마사지 숍엔 특별한 옵션이 추가되어 있는 곳이 많다고 했다. 어린 안마사가 많은 곳일수록 퇴폐 업소에 가깝다고 했다. 이유를 물어 보니 대부분의 어린 안마사의 고향이 시골인데, 돈을 단기간에 많이 벌어 고향 식구들한테 보내야 하니 어쩔 수 없이 이런 곳에서 일해야 한다고 했다. 나는 그 이야기를 듣고 할 말을 잃었다. 워킹스트릿 끝에서 끝까지 걸어가며 처음 보는 충격적인 광경에 고개를 들지 못하고 시선을 아래로만 두고 발걸음을 재촉했다. 동행하신 파타야 선교사님이 이곳 워킹스트릿에서 해나리가 전자 바이올린으로 찬양 연주를 꼭 한 번 하면 좋을 것 같다고 하셔서 그 말을 마음에 새기고 워킹스트릿을 벗어났다.

파타야에 있는 한 한인 교회는 아주 작은 공간을 빌려 예배드리고 있었다. 20명 들어가면 꽉 찰 만한 공간이었다. 많지 않은 교인들 사이의 철칙은 서로의 가족사에 관해 묻지 않는 것이었다. 가족 또는 친한 사람끼리 사기 치고, 다투고, 이혼하고, 재혼하는 과정에서 마음이 상하고 찢겨 파타야에 와서 사는 것이다. 뉴질랜드에서 이민자로 살면서 이러한 가정들을 많이 봐 왔기 때문에 간증과 연주를 나눌 때 성령님께서 목사님 내외와 교인들의 마음을 만져 주셨다. 집회 시간 내내 눈물을 훔치는 성도도 있었는데, 특별히 파타야 생활과 목회가 너무 힘들어 한국으로 돌아갈

까 고민 중에 다시 힘을 얻었다는 목사님 내외의 고백에 내 마음이 기쁨과 감사로 가득 찼다.

예배가 끝난 후 교인들이 음식 대접을 하겠다고 해서 해산물 뷔페로 갔다. 파타야는 해안 도시이니만큼 싱싱한 해산물이 풍부했다. 현지 식당으로 가서 굴과 랍스터, 생선 등 한국에서는 값이 꽤 나가는 요리를 마음껏 즐길 수 있었다. 하지만 나의 약한 위장은 그 맛있는 음식을 버텨 내지 못하고 토하기 시작했다. 해산물이 문제인지 해산물을 씻은 현지 수돗물이 문제인지 모르겠지만 밤새도록 구토와 설사로 시달려 급기야 파타야 응급실로 향했다.

응급실에 도착해서 수액과 구토 증상을 진정시키는 링거를 맞았다. 그런데 조금 지나서부터 온몸이 굳어지는 것 같고 혈관을 통해 들어가는 링거 성분이 몸을 가만히 못 있게 만들었다. 괴로움을 못 이겨 주먹으로 내 몸을 치고 벽에 머리를 박는 등 자해 증상을 보이자 태국 의료진이 달려와 내 손을 붙잡고 링거를 빼냈다. 조금 뒤에 수액을 통해 주사 성분이 빠지기 시작하면서 몸이 조금씩 안정을 되찾았다. 나중에 알고 보니 투약한 약 때문에 부작용이 온 것이었다. 10만 명중 한 명 정도로 극소수에게만 나타나는 부작용이 나한테 생길 줄이야! 그렇게 응급실에서 더 힘든 시간을 보내다가 약을 처방받고 숙소로 돌아갔다.

장염 증상이 남아 있어 괴로웠지만, 앞으로 태국 유치원, 초등학교, 재활 병원에서의 공연 스케줄이 남아 있어 몸을 제대로 추스르지도 못하고 다시 달렸다. 하나님이 허락하신 에너지와 힘으로 유치원과 초등학교 사역을 잘 감당하고 마지막 남은 HIV 재활병원으로 향했다.

카톨릭 단체에서 운영하는 이 병원의 환자는 대부분이 어린이였다. 수

혈이나 성 접촉을 통해서만 감염이 되는 HIV가 왜 어린이한테 감염됐을까 궁금했는데, 이 아이들은 HIV 보균자인 부모로부터 감염되어 태어날 때부터 HIV 보균자가 되었다고 한다. 주님께서 부부에게만 허락하신 아름다운 성이 사람의 욕심을 채우기 위한 쾌락으로 전락하여 특히나 성적으로 타락한 태국 땅에 이런 어린이 환자가 많은 것이었다. 피부 접촉이나 공기 등으로는 감염되지 않는다는 걸 알면서도 내심 두려운 마음이 앞섰다.

'하나님, 이 두려운 마음을 거두어 주시고 병원에 있는 환자들을 긍휼한 마음으로 바라보며 대하게 해주세요.'

기도하며 병원에 도착해 보니 어린아이들이 대다수였지만 40-50대 어른들도 있었다. 환자 중엔 두 눈동자가 양옆으로 돌아가 있는 어린아이도 있었고 피부에 두드러기가 나 있는 어린이도 있었다. 말을 제대로 못 하는 환자, 가만히 앉지도 서 있지도 못하는 환자 등 갖가지 증상을 동반한 환자들이 있었다. 대부분의 보균자 어린이들은 13살을 못 넘기고 죽는다고 했다. 병원에서 할 수 있는 일은 이런 아이들을 신앙으로 성장시키고 최대한의 치료를 제공해 최대 수명 13살에서 한 해씩 연장해 나가는 거라고 했다. 이런 절망적인 상황에서도 초등학교에 열심히 다니며 해맑게 웃고 있는 아이들을 보며 눈물이 핑 돌았다.

'하나님, 이 아이들에게 무슨 죄가 있나요? 태어날 때부터 시한부 인생을 사는 이들을 불쌍히 여기시고 구원해 주세요.'

진흙 바닥에 돗자리를 깔고 환자들이 앉았다. 우리가 가져온 음향기기를 설치하고 돗자리 앞쪽에서 공연을 시작했다. 생전 처음 보고 듣는 전자 바이올린 연주에 환자들의 얼굴에 웃음꽃이 가득 피었다. 일어나서 신나게 춤도 추고, 흥에 겨워 소리도 지르며 공연에 빠져들었다.

영화 <타이타닉> OST인 <My Heart Will Go On>을 연주하는 순서가 됐다. 마지막 소절을 남기고는 항상 바이올린을 내려놓고 관객 한 명을 초청해 영화에서처럼 남주인공이 양팔을 벌린 여주인공 옆구리를 잡는 퍼포먼스를 했다. 순간 가장 어린 남자아이의 손을 잡고 앞으로 불러내 양팔을 벌리고 그 아이의 옆구리를 잡았다. 그런데 하필 그 아이가 바로 온몸에 두드러기가 잔뜩 나 있는 아이였다. 성령님이 일부러 그 아이를 선택해서 잡게 하신 것 같다. 병원 방문 전 내 마음을 가득 채웠던 두려움은 어느새 사라지고 그 아이를 아무렇지도 않게 들어 올려 빙글빙글 돌았다. 그러자 관객도, 그 아이도 너무 좋아하면서 웃었고, 내 안에도 크나큰 기쁨이 임했다. 성령님의 마음이 내 마음에도 동일하게 전달되어 인간적인 마음보다는 성령님의 큰 사랑이 내게 임한 것 같아 그저 감사했다.

내 공연 순서가 끝나고 원장으로 계신 신부님이 말씀하셨다.

"해나리 씨, 우리 아이들도 해나리 씨한테 보여줄 답가를 준비했어요. 크리스마스 때 할 퍼포먼스인데 해나리 씨한테 미리 선보이는 거예요."

아이들이 핸드벨을 들고 캐롤 연주도 하고, 노래도 불렀다. 그 광경을 보는 나는 마치 천국에 있는 듯했다. 눈물이 마구 흘러나와 이를 악물고 참느라 혼났다. 그러고는 한 아이가 나와 나에게 장미꽃을 전달해 주면서 "God bless you!"라고 축복해 주었다.

'하나님, 제가 다음에 방문할 때도 이 아이들이 살아 있으면 좋겠습니다.'

나는 기도하며 그곳을 떠났다.

그 병원 환자 중에 백발의 50대 초반의 독일 남성이 있었다. 그분이 내가 공연하는 내내 멀찍이 앉아서 계속 흐느껴 우셨다. 그런데 최근에 선교사님을 통해 들은 소식은 그 남자분이 아직까지 살아 계시고 머리카락 색도 검게 돌아왔으며 작은 라디오 방송국에서 DJ 일을 하시며 활발하게 사신다는 것이다! 너무 감사한 일이었다.

그리고 또 하나는 최초로 그 병원에서 14살까지 살고 있는 환자가 생겼다는 사실이다! 천국의 소망을 갖고 긍정적으로 살아나가는 덕에 수명이 연장되고, 치유가 안 되는 병이지만 기적과 같은 치유가 일어나고 있다는 사실에 정말 놀라웠다. 모든 생명은 주님께 달렸다는 사실을 다시금 깨닫고 내 생명도 주님께 온전히 맡기게 되었다.

"사역자가 내 생명을 주님께 맡기고 어떤 상황에서도 주님을 신뢰하며 믿음으로 나아가면 내 인생을 주님께서 책임지신다."

내가 여기선 이효리야!

A국 공항에 내리자마자 장시간의 비행으로 푸석푸석해진 얼굴을 선글라스로 가려야 했다. 도착 게이트에는 방송국 카메라와 기자들이 나를 마중 나와 있었기 때문이다. 어느덧 A국에 다섯 번째 방문을 하다 보니 이미 꽤 알려진 유명 인사가 되었다.

"Hannah Lee, how was your flight?"(해나리씨, 비행은 어땠나요?)

"What is your performance schedule this time?"(이번 방문의 공연 스케줄은 어떻게 되나요?)

내게 많은 질문이 쏟아졌다. 순수한 사람들과 청정자연이 있는 때 묻지 않은 나라인 A국은 불교와 토속신앙이 주를 이루는 고립된 나라이다. 자국의 팝 문화가 없어 주변 국가의 문화 콘텐츠를 텔레비전이나 라디오로 접하기 때문에 노래하는 전자 바이올리니스트는 그들에겐 다소 충격적인 모양이었다. 몇 개 되지 않은 방송국에서는 지역 뉴스나 타국 방송만 수입해서 송출하기 때문에 나 같은 해외에서 온 아티스트의 공연 실황을 송출하는 것은 그야말로 좋은 먹잇감(?)이었다. 그러니 공항에서부터 마중 나와 촬영을 안할 수가 없었다. 흰 피부를 가진 동북아시아 사람이라 더욱 선호하는 듯했다. 특히 십 대들이 많은 중고등학교 앞을 지나가기만 해도 내가 누군지 알지 못해도 예쁘다는 말을 반복하며 사진 찍자고 몰려들었다. 내가 보기엔 어리고 초롱초롱한 눈망울을 가진 그들이 훨씬 예쁘지만, 그들에겐 흰 피부에 대한 로망이 확실히 큰 듯했다. 나는 그곳에 한류 열풍을 허락하신 주님의 뜻을 확고하게 깨닫게 됐다.

공산주의 국가인 A국은 무척이나 가난하고 계발이 많이 안 된 나라였다. 빈부 격차도 심하기에 일반 사람에겐 급여에 비해 물가가 터무니없이 비싸다. 상류층은 으리으리한 저택에서 가정부와 기사 등 일하는 사람을 몇 명씩 두고 살지만, 하류층은 하루 세 끼 먹고 산다는 것은 꿈도 꾸지 못한다. 그래서 A국 사람들은 일반적으로 키가 작고 체구가 왜소하다. 아무리 열심히 공부하고 일해도 좋은 직업과 승진의 기회는 이미 상류층 안에 내정자가 있어서 꿈을 가질 수조차 없다. 가장 좋은 국립대학을 좋은 성적으로 졸업한다 해도 가질 수 있는 최고의 직업은 30만 원 정도의 월급을 받는 은행원이다. 그렇기 때문에 게으르고 나태한 민족성은 피하기 어려운 요소인 듯하다.

B선교사님은 큰 꿈을 꿀 수 없는 이 나라의 젊은이에게 하늘나라의 소망을 알려 주고자 국립 대학교 학생들에게 영어와 음악을 가르치며 좋은 관계를 형성하고 있었다. 학생들에게 삶의 본을 보이며 끝없는 애정을 주면 선교사님이 믿는 하나님과 성경에 관해 관심을 보이기 시작하고, 이들

의 요청으로 성경을 가르쳐 주신다. 복음 전하는 것이 금지되었을 뿐만 아니라 예수를 믿고 교회에 다니면 가족과 사회에서 배척당하는 나라이기에 이들이 예수 믿기를 선택하는 것은 굉장히 어려운 일이다. 하지만 선교사님의 열정으로 많은 학생이 성경을 배우고 복음을 받아들여 선교 센터에서 예배드리는 것까지 연결될 수 있음은 오직 하나님의 은혜라고 고백할 수밖에 없다. 학생 중 중국에서 온 유학생도 몇 명이 있었는데, 유학 생활을 마치고 자국으로 돌아가서도 계속 신앙 생활을 하며 전도자의 삶을 사는 이도 있으니 이 얼마나 값진 열매인가!

내가 몇 차례 학교 내에서 공연해 준 덕에 학생뿐만 아니라 대학교 간부들까지도 선교사님과 좋은 관계를 맺은 사람이 생겼다. 긴밀한 관계를 유지하다 보니 신분을 숨기고 있는 선교사님의 진짜 신분을 알게 됐음에도 계속 학생들을 대상으로 음악과 영어를 가르치는 일을 지지 해주고 있었다. 학교 총장님 사모님에게도 나와 선교사님을 소개해 주서서 한 번은 총장님 댁으로 식사 초대를 받아 가게 되었다. 으리으리한 저택에 음식을 만들고 식사 준비를 하는 가사 도우미만 여러 명이 되었다. A국 최고급 요리라고 대접해주신 음식 중 하나가 내 관심을 끌었다. 무언가 피범벅이 된 요리였다.

"이 요리는 무슨 요리인가요?"

"이것은 오리 고기인데요, 오리 피를 소스로 요리한 거예요."

"……."

내가 가장 좋아하는 고기가 오리 고기인데, 피범벅이 된 오리 고기라니! 귀한 요리라고 대접해 주는데 안 먹을 수도 없고, 또 먹으면 바로 뱉어낼 것 같았다. 너무 곤란한 상황에 선교사님이 먼저 먹어 보고는 아마 나는 못 먹을 거라고 이야기하셨다. 그래서 다른 요리가 나오기까지 대화를 나누면서 기다렸다가 먹을 수 있는 다른 요리만 먹었다. 사실 다른 요리도 강한 향신료 때문에 먹기 어려웠지만 이 또한 사역이라고 생각하고 맛있다고 극찬을 하며 꾸역꾸역 먹을 수밖에 없었다.

먹기 힘든 음식을 먹어야 하는 또 한 번의 고비는 어느 소수족이 사는 마을에서도 있었다. 새해를 맞이하여 마을 사람들이 갖는 특별한 세레모니는 이 소수족의 문화와 습성을 보여 준다. 먼저 세레모니에 참석하는 모든 이들은 마당에 있는 나무 기둥을 기준으로 세 바퀴를 돌아야 한다. 오토바이도, 개도, 모두 세 바퀴를 도는 이 광경은 꽤나 이색적이었다. 이때 족장은 닭 한 마리의 목을 잡고 빙빙 돌린다. 그러고는 장총을 하늘에 대고 세 번 '탕! 탕! 탕!' 쏜다. 장총 소리를 실제로 처음 들은 나는 엄청난 소리에 깜짝 놀라 주저앉아 버렸다. 모든 사람이 다 돌고 나니 족장이 손에 쥐고 있던 닭 목을 확 비틀어서 숨통을 끊었다. 갑작스럽게 닭 잡는 광경 또한 처음 본 나는 너무 놀라고 끔찍해 고개를 돌렸는데, 나중에 들어보니 그 닭을 요리하여 손님인 우리한테 대접했다고 했다.

세레모니를 마치고 진흙 바닥인 마당에 음향기기를 설치하고 공연 준비를 했다. 30명 남짓 되는 마을 사람들이 다 모여서 의자도 없이 서서 공연을 관람했다. 찬양곡을 연주하면 안 되기에 잘 알려진 좋은 가사의 팝송이나 클래식 곡 위주로 연주했다. 사실 고립된 마을에서 살아가는 이들에게는 어떤 곡도 새로웠을 것이다. 하지만 진지하게 공연을 관람하고, 빠른 곡에선 신나게 뛰며 춤추는 이들에게 더없는 순수함이 느껴졌다.

'하나님, 이 순수한 소수족에게도 하루빨리 복음이 전해져서 이들이 구원에 이르게 해주세요.'

하이힐이 진흙에 푹푹 빠지는 어려운 상황에서도 이들을 위해 중보하며 더욱 열심을 내 연주했다. 베토벤 바이러스를 세 번이나 앙코르를 받아 연주하니 어느덧 해가 뉘엿뉘엿 저물었다. 전구 하나 없이 어두워진 밖과는 달리 촌장댁 실내는 몇 개의 전구와 촛불로 꽤 밝혀져 있었다. 집 안 곳곳에 걸려 있는 귀신 그림 아래엔 향초가 피워져 있어 그 진한 향에 어지럽기까지 했다. 그러고는 한참 후에 음식이 나왔다. 알 수 없는 드레싱을 얹은 양배추와 닭 비린내가 진동하는 허여멀건 닭탕, 향신료가 잔뜩 들어간 알 수 없는 채소 등 먹기 힘든 음식이 식탁을 채웠다. 향초 냄새와 닭 비린내가 섞여 더 음식을 먹기 어려웠지만, 꾹 참고 미소를 잃지 않으며 밥과 양배추만 조금 먹었다. 해나리가 몸매 관리를 위해 저녁을 거의 안 먹는데 오늘만 특식을 대접해 주어서 조금 먹었다고 선교사님이 말씀해 주셔서 그들이 실망하지 않게 했다.

사립 유치원과 학교에서도 몇 군데 공연할 기회를 얻었다. 원래 어디에서든 공연할 때 정부의 허가를 꼭 받아야 하고 그 절차가 복잡하기 때문에 시간이 오래 걸린다. 하지만 사립 학교는 예외이다. 어느 사립 초등학교에서는 아이들과 선생님 앞에서 공연하고 나서 감사의 의미로 새끼 원숭이 두 마리를 받았다. 또 A국 최고의 명문 고등학교 마당에서 공연할 때는 이미 소식을 듣고 학생들이 종이에 '해나리', '2J' 등의 문구를 써서 나를 맞이했고, 공연하는 내내 엄청난 환호성으로 반응해 주었다. 이들이 나중에 인터넷 검색을 통해 내가 크리스천인 걸 알고 복음을 찾는 날이 오기를 기대해 보며 열심히 공연했다.

문화 교류 차원에서 한국 대학생이 태권무와 부채춤, 생수통 난타를 준비해 와 A국 대학교에서 공연하게 되었다. 아무리 빈민국이라고 해도 지금은 인터넷 시대여서 현지 대학생도 수많은 영상에 노출되어 있는 사실을 몰랐나 보다. 한국 학생들이 제대로 준비도 안 하고 어설프게 퍼포먼스를 해서 관객에게 그다지 좋은 반응을 얻지 못했다. 반면에 그들의 무대 이후에 내가 춤추며 캐논을 연주하니 큰 호응을 얻었다. 하지만 본인이 데려온 한국 팀과 현저하게 차이 나는 퍼포먼스와 반응을 본 한국인 담당자가 질투심을 느껴 공연장에 있던 대학교 간부에게 해나리가 크리스천 음악을 한다고 고자질해 버린 것이다! 캐논 변주곡 중간에 <인애하신 구세주여> 찬송가 멜로디가 들어가 있는데, 잘 알려지지 않은 찬송이라 현지인이 전혀 알 길이 없었지만, 그 사람의 고자질로 인해 학교 측이 알아 버리게 된 것이다. 내 순서가 아직 많이 남아 있었는데도 무대에서 쫓겨나고 말았다. 그 한국인 담당자에게 화가 났지만 그보다도 선교사님이 압수수색 당하거나 경찰서에 연행될까 봐 걱정돼서 간절히 기도했고 주님의 도우심으로 다행히 어려운 일이 일어나지 않았다.

A국에서 연주할 때는 항상 조명은커녕 음향 및 기술적인 부분은 모두 내려놓아야 한다. 제대로 된 음향 시스템을 갖춘 곳이 거의 없기 때문이다. 그래서 나중에는 선교사님이 이동용 음향 시스템을 아예 사서 늘 갖고 다니며 설치해 사용했다. 공연 일정이 다 끝나고 한국으로 돌아가기 바로 전날 시내를 걷고 있는데, 어느 큰 레스토랑 마당에서 조명이 번쩍번쩍하며 좋은 퀄리티의 음악 소리가 들리는 것이었다. 그래서 가 봤더니 잘 꾸며진 작은 스테이지에 조명과 좋은 음향 기기가 설치되어 있었다. 알고 보니 레인지로버사의 자동차 런칭 쇼가 저녁에 그곳에서 열릴 예정이라는 것이다. 그래서 선교사님이 관계자를 찾아 물어 봤다.

"해나리라는 한국에서 온 전자 바이올리니스트가 여기 왔는데, 오늘 당신들 행사에서 한두 곡 연주해도 되겠습니까?"

"물론입니다. 그럼 오프닝 무대에서 한 곡 연주해 주세요."

숙소에 돌아와 악기와 장비를 모두 챙겨 나와 다시 시내에 나가 리허설을 했다. A국에서 이런 장비에 연주할 수 있는 것만으로도 감격해서 현란한 곡으로 리허설을 했더니 그 관계자가 다시 우리에게 다가왔다.

"너무나 멋진 연주입니다! 오프닝 말고 메인 무대에서 20분간 공연해 줄 수 있나요?"

주님께서 어떤 일을 행하실지 기대하는 마음으로 흔쾌히 승낙했다.

드디어 저녁이 되어 런칭 쇼가 시작됐다. 평소엔 잘 마주칠 수 없는 상류층 백인과 중국인, 또 현지인이 많이 모여 저녁 식사와 함께 쇼를 관람했다. 메인 스테이지의 첫 순서는 A국의 거의 유일한 솔로 여수의 무대였다. 레인지로버사가 투자해 제작한 뮤직 비디오와 몇 명의 백댄서와 함께 공연했다. 그러고는 내 차례가 됐다. 영화 OST와 베토벤 바이러스 등의 클래식 곡들, 그리고 '2J'(예수께로 가면 샘플링)를 연주했는데, 찬양을 하지 못하는 이 나라의 시내 한가운데서 찬양 곡조가 울려 퍼진다는 사실만으로도 가슴이 벅찼다. 무대 위에서뿐만 아니라 무대 아래로도 내려와서 런칭하는 차 앞에서도 연주하고, 레이싱 모델 옆에서도 연주하니 기자들이 몰려들어 사진을 찍기 시작했다. 결국 메인 아티스트였던 솔로 여가수 대신에 런칭하는 차 앞에서 연주하고 있는 내 사진이 그 다음날 현지 신문에 대문짝만하게 났다. 내가 하나님이 허락하신 기회를 놓치지 않고 순종하니 주님이 나를 높여 주셨다. 그때부터 A국 이효리는 해나리가 되었다.

이렇게 복음을 전할 수 없는 나라에서는 내가 꼭 복음을 전하려는 마음가짐은 오히려 교만하다는 것을 깨닫는다. 현지에서 장기적으로 사역하고 계신 선교사님을 돕는 역할을 하고 돌아오는 것이 나 같은 사역자의 할 일이라 여겨진다. 또한 나는 이렇게 연주하고 떠나도 현지 학생들이 내 음악을 찾아 듣고 기독교 음악이더라도 학교 행사 때 자진해서 내 노래를 트는 모습을 보고 이 또한 귀한 열매라는 걸 알게 됐다.

"사역자는 내 생각과 뜻을 고집하기보다는 현지 상황을 나보다 더 잘 아시는 선교사님을 존중하여 돕는 사역을 해야 한다."

척박한 아프리카 땅, 에스와티니 왕국

비행기 안에서 자고 또 자고, 영화를 보고 또 봐도 도착하지 않는 아프리카 대륙. 월드비전 교회협력팀 홍보 대사와 직원과 함께 인천공항을 출발한 후 싱가포르와 남아공을 경유하여 26시간 만에 에스와티니 왕국 땅을 밟았다. <난 예수가 좋다오> 등의 주옥같은 찬양을 작곡한 김석균 목사님, 옹기장이 김태성 단장님, 에이멘의 김성호 전도사님, 찬양 <사명>을 부른 동방현주 집사님이 이 여정에 동행했다. 에스와티니 왕국은 아프리카의 스위스라고 불리지만 가뭄 때문에 척박하게 메말라 있었다. 부패한 정부 덕에 빈부의 차가 심해서 농민과 아이들은 굶주리고 있었다.

현지 월드비전 본부에서 간부들과 미팅 일정을 의논한 후 사업장이 있는 마을로 향했다. 부슬부슬 내리는 비 속에서 가장 먼저 우리를 맞아 준 사람은 마을 이장님이었다. 잠깐 내리다 그친 이슬비였지만, 비를 몰고 온

귀인이라며 우리를 반갑게 맞아 주었다. 알고 보니 이곳은 4개월 동안 비한 방울 안 내리다가 우리가 간 날 잠깐 내린 게 끝일 정도로 가뭄이 심했기 때문이다. 지구 온난화 현상으로 호수에 물이 모두 마르고 심한 가뭄으로 인해 작물이 자라지 않아 식량이 턱 없이 부족한 상태였다. 게다가 깨끗한 식수를 마실 수 없어 온갖 질병이나 영양실조에 걸리는 것이 일반 빈민층 삶의 모습이었다.

40도를 웃도는 뜨거운 태양 아래 아이들은 비닐 뭉텅이를 테이프로 감아 만든 공으로 축구를 하고 있었다. 한국에서는 몇 천 원 안 하는 작은 축구공이 하나 없어 쓰레기를 주워다 만든 것이다. 입고 있는 옷은 하나같이 다 찢어져 있었으며 신발을 신은 아이는 단 한 명도 없었다. 그 아이들에게 달콤한 막대사탕을 하나씩 쥐어 주니 세상을 다 가진 것 같은 미소로 화답했다. 하루 세 끼는커녕 한 끼라도 제대로 먹을 수 있을지 모르는 상황이었을 것이다.

마을 깊숙이 더 들어가니 산 중턱에 집이 드문드문 하나씩 있었다. 진흙으로 지어진 집 안에는 깔고 자는 얇은 담요와 최소한의 세간살이 외엔 있는 게 거의 없었다.

"화장실은 어디 있나요?"

"여기 보이는 들판이 전부 화장실입니다."

"그럼, 부엌은요?"

"부엌은 따로 없고 몇 시간 걸어가서 식수를 담아 와 그 물로 요리하고 마셔요."

대부분의 가정에 아버지가 없고 엄마와 아이들만 함께 살아가고 있었기 때문에 아이들이 학교에 가는 대신 매일 수시간씩 오가며 식수를 길어 와야 했다. 그리고 벽돌을 나르거나 높은 곳에 올라가 과일을 따는 위험한 노동도 해야 했다.

"아버지는 어디 계신가요?"

"아버지가 있는 가정은 돈을 벌기 위해 이웃 나라인 남아공이나 타 도시에 가서 노동자로 일을 합니다. 하지만 아버지가 누군지 모른 채 태어나는 아이들이 대부분이라 엄마 혼자 양육하며 살아가고 있습니다."

기본적인 교육을 받지 못한 이들은 본능적으로 살아가기 때문에 아버지가 누군지 모르는 아이들이 태어나고, 혹여 생부가 누군지 안다고 해도 책임지지 않는 남성이 많다고 한다. 그래서 이런 가난의 쳇바퀴가 끊임없이 도는 것이었다.

이런 무분별한 성행위로 인해 HIV 보균자 여성이 많았다. 그들이 모여 교육도 받고 잼을 만들어 파는 사업장에도 가 봤다. 월드비전이 그들이 자립하여 살아갈 수 있도록 도와주는 일을 하고 있었다. 과일 농사를 짓는 자본과 기술을 제공해 주어서 잼을 만들어 팔아 이윤을 남겨 생활하게끔 발판을 만들어 준 것이다. 참 귀한 사역이라 여겨졌다. 그리고 우리가 할 수 있는 노래로 그들을 축복했다. 기타 하나와 목소리만으로 축제가 열렸고, 함께 찬양하고 춤추며 하나님을 높이는 시간을 가졌다.

물은 사람에게 있어서 가장 필수적인 요소이다. 아이들의 수많은 질병의 원인이 오염된 물을 마시기 때문이라 월드비전 사업 중 가장 중요한 사업이 우물을 파는 일이다. 마을 근처에 깨끗한 지하수를 마실 수 있는 우물이 있다면 아이들은 온종일 걸려서 물을 길어오는 일 대신 학교에 가거나 다른 일을 할 수 있다. 그래서 후원금이 모여 만들어진 우물에 가 보았다. 내가 크게 힘 안 들이고 펌프질을 몇 번 하자 깨끗한 지하수가 콸 콸 나왔다. 주변에 몰려든 아이들도 신이 나서 펌프질을 하는 모습을 보니 그 지하수가 생명수 같이 느껴졌다. 한국은 어딜 가든 수도꼭지만 틀면 깨끗한 물이 바로 나오는데, 그에 대해 감사하는 마음을 한 번도 느껴보지 못한 것 같다. 에스와티니 왕국에 가 보니 우리가 생각하는 사소한 것들이 이들에겐 기적 같은 일이 될 수 있어 더욱 감사하고 나누는 삶을 살아야겠다고 다짐하게 되었다.

홍보 대사 중에는 이런 도움이 필요한 아동을 많게는 수십 명까지 후원하는 사람도 있다. 중학생 때 뉴질랜드 학교에서 월드비전이 진행하는 '40시간 기아 체험'을 경험한 후부터 신문 돌리기 알바로 번 돈으로 한 아동을 후원하기 시작한 나는 총 세 아동을 후원하고 있었다. 그중 한 명이 에스와티니 왕국에 있어서 그 아이의 집을 찾아가 보았다. 큰 눈망울을 가진 아이는 외국인이 여럿 찾아오자 다소 긴장하는 모습을 보였다. 내가 보낸 사진을 통해 내 얼굴을 봤을 텐데도 낯설어하는 모습에 얼른 바이올린을 꺼내 연주해 주었다. 생전 처음 보고 듣는 바이올린 연주에 큰 호기심을 보여 내가 바이올린을 그 아이의 어깨에 올려놓고 <Amazing Grace>를 같이 연주했다. 아마도 그 아이에겐 평생 남을 만한 경험이었을 것이다. 그림 그리는 걸 좋아한다고 해서 선물로 가져간 크레용으로 같이 그림도 그리고 축구공도 선물해 주면서 함께 추억을 그려 나갔다. 내 후원금을 통해 제대로 된 옷도 입을 수 있고 학교에도 다닐 수 있게 되었다는 고백에 눈물이 났다.

그런데 그 집에 누나 나이 정도 되어 보이는 후원 아동의 엄마가 아기를 안고 있었다. 막냇동생이었다. 하지만 자세히 보니 그 아기의 상태가 별로 좋지 않아 보였다.

"아기가 몸이 안 좋은 것 같은데, 아픈가요?"

"벌써 수일 동안 설사가 멈추지 않고 열도 나요."

병원이 너무 멀리 있고 비용도 비싸기 때문에 아픈 아기를 치료하지 못하고 있었다는 것이다. 너무나 기가 막혔다. 한국은 집 밖으로만 나가면 널린 게 병원인데, 단순한 설사병을 계속 치료하지 못하고 시름시름 앓고 있다니! 현지 직원에게 내가 가지고 있는 달러를 털어 치료비를 쥐어 주고 꼭 병원에 데려가 달라고 부탁했다. 그리고 그 아기에게도 후원자를 꼭 붙여 달라고 하나님께 기도했다.

이 외에도 우리가 방문한 여러 가정에 다양한 아픔이 있었다. 적절한 치료를 받지 못해 다리가 썩어가는 할아버지, 영양분을 제대로 섭취하지 못해 영양실조로 죽어가는 아이, HIV 보균자로 태어나 희망이 없는 아이 등등…. 전 세계적으로 이렇게 죽는 아이가 예전에는 3-4초에 한 명씩 있었다면 월드비전 등의 기관의 후원을 통해 5-6초로 연장되었다는 통계가 나왔다. 이들보다 잘사는 나라의 그리스도인들이 자신이 받은 하나님의 축복을 물질과 기도로 흘려 보낸다면, 아이들의 생명이 점점 연장될 것이다. 이것이 바로 예수 그리스도의 사랑을 실천하는 일이고 하나님이 기뻐하시는 일이라 믿는다.

"또 주린 자에게 네 양식을 나누어 주며 유리하는 빈민을 집에 들이며 헐벗은 자를 보면 입히며……."(이사야 58장 7절)

뉴질랜드 교민 사회의 자랑

한 해에 한 번씩은 꼭 뉴질랜드 집에 갔다. 초반에는 부모님과 친구를 만날 겸 휴양차 갔지만, 현지 매니저가 연결되고 난 이후부터는 뉴질랜드에서도 다양한 사역이 이루어졌다. 주로 크고 작은 현지 교회에서 간증과 찬양 사역을 하고, 고등학교나 문화 행사 등 다양한 곳에서도 연주 활동을 펼쳐 나갔다. 인구가 적은 나라이기에 문화 콘텐츠도 한국만큼 많지 않아 주요 도시의 텔레비전과 라디오 방송국에도 여러 차례 출연해 내 이야기와 음악 이야기를 나눴다. 클래식이 아닌 팝 음악을 연주하는 전자 바이올리니스트이고 원활한 영어 소통이 가능하기에 다양한 문화권에서 다양한 연령층과 소통을 할 수 있게 나를 준비하고 훈련하신 하나님께 항상 감사드렸다. 하지만 뉴질랜드가 서양권이라 해도 현지 교회 중에서도 보수적인 교회는 화려한 의상과 연주 때문에 나를 거절한 곳도 있었다.

오클랜드 시내의 불금은 여느 도시와 같이 화려하다. 범죄가 가장 자주 일어나는 때이기도 하다. 그래서 시내 메인 도로인 퀸스트릿에서 매주 금요일마다 기도 부스가 선다. 교단과 인종을 초월하여 기도와 전도하기 원하는 사람은 누구나 동참할 수 있다. 전도 군단의 주 멤버인 형부 제레미 목사의 권유로 오클랜드 방문 기간 중 나도 한 번 참여하게 됐다.

먼저 길 한가운데서 음향 세팅을 하고 그날 모인 전도 군단과 함께 중보하며 나아갔다.

"주님, 이 뉴질랜드 땅을 축복하소서. 한때는 인구에 비해 선교사를 가장 많이 파송하는 나라였지만, 지금은 진정한 기독교인이 3퍼센트도 안 되는 이 땅을 긍휼히 여기소서. 매우 살기 좋은 환경과 좋은 복지 제도로 인해 하나님을 떠나 버린 뉴질랜드 영혼을 다시 돌이키소서. 끊임없이 쾌락에 대한 욕망만을 갈구하여 더 큰 죄악에 빠져드는 이 땅의 주님의 백성을 구원하소서!"

내가 할 수 있는 것은 기도와 찬양뿐이었다. 그래서 그 거리에서 연주하기 시작했다. 빠른 곡을 연주하니 사람들이 모여 들었다. 휴대폰으로 촬영하는 사람도 있고 원 안으로 들어와 같이 춤추는 사람도 있었다. 연주하는 동안 전도 군단이 모여 있는 사람들한테 전도지를 나누어 주면서 예수 그리스도를 소개하고, 또 원하는 사람에게는 기도도 해주었다.

모든 순서를 마치고 오늘 부어 주신 하나님의 은혜에 대해 서로 나누는 시간을 가졌다. 연주에 은혜받았다는 사람, 기도 부스 설치 이후 가장 많은 사람이 모여 들어서 놀랐다는 사람, 또 전도지를 많이 나눠 주어서 기뻤다는 사람 등 은혜로운 고백들이 나왔다. 그중 한 분이 이런 이야기를 나누어 주셨다.

"저는 오늘 술집 사장을 한 명 만났습니다. 해나리 자매가 연주하는데 그분이 계속 눈물을 훔치는 것이었어요. 그러더니 저한테 와서 기도해 달라고 하더라고요. 본인도 어릴 때 예수를 알았는데 지금은 예수를 떠나 술을 팔고 있다고, 나 같은 사람에게도 구원을 베풀어 달라고 기도해 달라고요."

너무나도 귀한 고백이었다. 주님이 나의 연주를 통해 사람들의 마음을 만지심에 감사하지 않을 수 없었다.

북한 고아를 돕는 사역을 하시는 목사님 한 분과 당시 크리스천 라이프 신문사 발행인인 아버지가 콘서트를 기획했다. 나의 뉴질랜드 방문 날짜에 맞춰 오클랜드와 크라이스트처치 두 도시에서 북한 어린이 돕기 콘서트를 개최하게 된 것이다. 북한에 있는 많은 고아들이 영양실조로 죽어 가는데, 이들에게 뉴질랜드 초유를 보내 이를 예방하는 데 목적을 두었다. 콘서트 중간에 목사님이 나와서 사역 소개를 하고 헌금하는 시간을 가져, 걷힌 헌금으로 초유와 쌀을 사 보내는 계획이다. 이런 귀한 취지로 여는 콘서트이니만큼 자비로 항공권을 사고 재능 기부로 콘서트에 참여했다.

사실 어려서부터 나를 알고 지낸 어른들과 친구들 앞에서 프로 뮤지션으로 다시 무대에 선다는 것은 쉽지만은 않은 일이었다. 콜라보할 수 있는 아티스트를 찾는 것도 한국만큼 녹록지 않았다. 하지만 하나님께서 소중한 만남을 허락하셔서 무대를 함께 꾸며 갈 이민 1.5세대 또래 아티스트를 찾을 수 있었다. 듀엣곡을 같이 부를 남자 가수, 랩 피처링으로 함께 무대를 꾸밀 프로 래퍼, 또 전자 바이올린으로 듀엣 연주를 할 바이올리니스트, 백댄싱으로 화려하게 연출할 댄스 전공생 등 재능 기부로 합을 맞출 여러 아티스트를 붙여 주셨다. 단기간이었지만 스케줄을 맞춰 열심히 연습해 멋진 작품을 완성해 나갔다.

오클랜드와 남섬 크라이스트처치에서의 두 콘서트 모두 대성황을 이루었다. 두 교회 모두 만석을 이루고 많은 후원금도 모였다.

'주님께 거저 받은 은혜와 달란트를 주님의 선하신 뜻을 위해 거저 드리자'라는 모토로 사역 활동을 해온 나로서는 영혼을 살리는 일에 이렇게 쓰임받으니 그저 감사할 따름이었다. 또한 어릴 적 해나의 모습만이 기억 속에 남아 있지만, 프로페셔널 뮤지션으로 돌아와 값진 일을 도모하는, 성장한 모습에 많은 어른들이 감동하고 대견해 하셔서 성공적인 컴백이 아닐 수 없었다. 이제는 고향에서도 모두가 인정하는 노래하는 전자 바이올리니스트로서 자리매김을 해 뉴질랜드 교민 사회의 자랑거리가 되었다. 이 또한 감사했다.

'네 손가락의 피아니스트 희야'는 선천적 장애를 가지고 태어난 피아니스트이다. 나이에 비해 지능도 낮아 음악 공부를 하는 데 어려움이 컸지만, 엄마의 열심으로 매일 10시간씩의 피아노 연습을 통해 풍부한 감수성으로 연주하는 훌륭한 피아니스트가 되었다. 희야가 오클랜드에 도착하자마자 공연장에서 첫 만남을 가졌다. 20대 후반의 나이로는 전혀 보이지 않는 앳된 얼굴과 몹시 작은 체구의 희야 모습에 놀라지 않을 수 없었다.

"해나리 언니, 안녕하세요?"

환한 웃음으로 먼저 인사해 온 희야. 어린아이와 같이 순수하고 해맑은 모습에 내 얼굴에도 절로 미소가 지어졌다. 반면 치명적인 장애를 가지고 있어도 저토록 밝게 사는 희야를 보니 내 모습이 한없이 부끄러워졌다. 내가 가진 많은 것에 대해 더욱 감사하며 살아가야겠다고 다짐했다.

밀알 장애인 단체를 돕는 기금을 마련하기 위해 희야와 해나리의 콘서트가 열렸다. 밀알 단체는 내가 대학생 때 여러 번 자원봉사도 했고 음대 과대로 일할 때 일일카페를 열어 후원금을 보낸 적도 있다. 복지제도가 잘 돼 있어 장애아 부모들이 뉴질랜드에 이민 왔지만, 현실에 부딪혀 보니 이곳에서도 장애인의 삶은 쉽지만은 않다고 한다. 그래서 우리가 그들을 돕기 위해 발 벗고 나선 것이다.

네 손가락의 피아니스트라는 타이틀 하나만으로도 많은 관객을 동원하기엔 충분했다. 콘서트 당일, 가로로 넓은 이층 건물의 공연장이 어린이부터 어른까지 다양한 연령층으로 가득 찼다. 교민뿐만 아니라 현지인 관객도 꽤 많이 보였다. 1,200여 명의 관객이 동원됐다는 것은 오클랜드에서는 이례적이었고 티켓 값 10달러에 비해 훌륭한 퀄리티의 공연이 제공되어 모두 행복한 시간을 보냈다.

특별히 객석에 나의 스승인 데이비드 널던 교수님이 초대에 응해 주셔서 자리하셨다. 클래식 음악을 하던 제자가 딴따라(?)가 되어 돌아와 팝음악을 하는 것에 대해 어떻게 생각할지 몰라 걱정 반 기대 반으로 연주했는데, 마치고 나서 나한테 오시더니 "Excellent!"를 연발하며 칭찬을 아끼지 않으셨다. 고등학생 때부터 나를 가르치셨고 팔을 다친 2년의 시간 동안 마음 써 주시며 졸업 연주회까지 수제자로 코칭해 준 분한테 인정받은 기분은 정말 하늘을 나는 듯했다. 내가 이렇게 자유롭게 연주할 수 있는 것에 대해 본인 책에 추가해서 써 넣어 준다는 말이 나에겐 얼마나 큰 의미인지 몰랐다.

콘서트 마지막 순서로 희야와 내가 <고향의 봄>을 연주할 땐 모든 교민이 울컥하는 마음으로 향수에 젖어 들어 다 함께 노래했다. 역시 사람의 마음을 움직이는 음악의 힘은 그 무엇보다 크다는 걸 느꼈다. 바이올린의 선율과 피아노의 화음으로 이루어진 협업을 통해 고향 한국이 오클랜드 콘서트장으로 소환된 듯한 느낌을 연출할 줄이야! 이어서 마오리 족 연가인 <포카레카레 아나>를 노래할 땐 6.25 참전 용사와 더불어 공연 관계자 모두를 무대로 초청해서 한뉴 합창으로 다 함께 부르는 감동적인 시간을 가졌다.

밀알 장애인 단체를 돕고자 열게 된 이 콘서트는 모든 교민과 현지인 관객이 음악으로 한마음을 이루는 소중한 시간으로 오클랜드 교민 역사에 길이길이 기억될 것이다.

"사역자는 가치 있는 일에 쓰임 받을 때 재능이 더 가치가 생긴다."

교통사고-몽골리아

"끼이이~~익!"

"쾅!"

"아악~!"

부산 KTX역으로 나를 마중 나온 관계자와 함께 사역지 교회로 향하고 있는데 갑자기 뒷차가 우리 차를 들이받아 버렸다. 적신호에서 정차하며 신호대기를 하고 있는데 운전이 미숙한 뒷 차량 운전자가 신호를 못 보고 돌진해 버린 것이다. 일방적으로 뒤에서 받았기 때문에 앞좌석보다는 뒷 좌석에 앉아 있던 나에게 충격이 더 크게 왔다. 정신이 하나도 없고 목과 허리가 아파 왔다. 집회 시간에 늦으면 안 되니 우선 매니저와 함께 택시로 옮겨 타고 사역지로 이동했다.

대기실에 앉아 있는 내내 뒷골이 당기고 머리가 빙빙 돌았다. 좀 편하게 엎드려 쉬면 좋겠는데 관계자 및 담당자들이 돌아가면서 대기실로 들어와 내 상태를 확인했다.

'집회 전까지 제발 저 좀 내버려 두세요'

속으로 하소연했다.

집회가 시작되어 무대에 올라가 한 첫 멘트가 기도 부탁이었다.

"여러분, 제가 좀 전에 부산역에서 이곳으로 오는 길에 교통사고를 당했습니다. 지금은 긴장해서 그런지 정신이 없고 어디가 아픈지 모르겠는데, 여러분이 집회하는 동안 저를 위해 중보해 주세요"

그곳에 모인 청년들 모두 깜짝 놀라는 반응을 보였다. 몸이 힘들면 짧게 끝내도 된다는 교회 관계자의 배려에도 불구하고 주님의 도우심으로 주어진 시간을 다 채우며 집회를 이끌었다.

"교통사고가 났는데도 사역을 끝까지 잘 해줘서 고맙습니다."

"힘든 상황에서도 끝까지 사명을 잘 감당해 줘서 더 큰 은혜를 받았습니다."

이런 반응과 함께 집회를 무사히 마쳤다. 끝나고 나서도 내가 뭘 어떻게 했는지 기억이 하나도 나지 않았다. 그러기에 더욱이 성령님이 강권적으로 집회를 주도하셨다고밖에 고백할 수 없었다.

'오늘도 역시 주님이 하셨습니다.'

부산에서 병원에 간들 입원도 치료도 받을 수 없으니 그냥 빨리 서울로 이동하기로 하고 기차에 올라탔다. 기차 안에서 긴장을 풀고 편하게 앉으니 그제야 통증이 심하게 오기 시작했다. 목이 안 돌아가고 허리도 너무 아팠다.

"하나님, 너무 아파요. 도와주세요. 이제 곧 몽골 사역도 가야 하는데,

이렇게 아프면 못 가잖아요. 주님이 아픈 부위에 손 얹으셔서 치료해 주세요."

몸이 아프니 기도도 아이 같이 떼쓰듯 한 것 같다. 아이와 같은 기도라도 간절한 마음으로 믿음을 갖고 기도하면 들어주실 거라 확신했다.

병원에 가서 엑스레이 촬영을 해보니 목과 허리 디스크로 진단받았다. 다행히 골절은 없지만, 자동차 추돌의 충격으로 디스크 세 개가 많이 튀어나와 통증을 유발한 것이었다. 집에서 가까운 병원에 입원하여 치료를 받기 시작했다. 목이 안 돌아가니 누워 있는 것도 불편했고 허리가 아파 화장실 가는 것도 힘들었다. 이후에 예정된 국내 사역 스케줄은 취소하거나 다른 사역자한테 넘겼지만, 2주 뒤에 출발하기로 예정되어 있는 몽골 사역은 취소할 수가 없어서 그전까지 빠른 회복이 있기를 기도했다.

내가 적을 두고 있는 '열림 감리 교회'에서는 2004년도부터 매해 몽골로 단기 선교를 떠난다. 중고등학생, 청년, 어른 성도들이 수개월 전부터 기도하며 준비하여 울란바토르 '하나님의 어린양 교회'에서 어린이 여름 성경학교 사역과 노방 전도 및 축호 전도를 통하여 복음을 전한다. 또한 담임목사님(이인선 목사)은 여러 교회에서 영성 집회를 인도하셔서 현지인과 한인 교인들의 영적 부흥을 이끄신다. 나도 매년 단기선교에 참여하려고 노력했지만, 항상 여름 캠프 사역 시즌과 맞물려 동참하지 못하다가 이번엔 꼭 참석하기 위해 모든 캠프 스케줄을 포기하고 몽골 선교팀에 합류한 것이었다. 특별히 이 해에는 우리 교회 파송 선교사님이 섬기고 있는 날라이흐 '생수의강 교회'에서 처음으로 여름 성경학교가 진행되고 또 날라이흐 중심부에 있는 콘서트홀에서 해나리와 소프라노 이하나의 콘서트가 계획되어 있었다. 그래서 어떻게 해서든 가지 않을 수가 없었다.

출발 전날 일요일 오전에 병원에서 퇴원하고 목에 반 기브스를 한 채 열림교회로 향했다. 몽골 단기 선교 파송 예배로 드려지기 때문에 꼭 참석하고 싶었다. 예배 시간 중간에 단기 선교사들이 모두 앞으로 나가 성도들이 파송 노래와 기도를 해주는 시간을 가졌다. 반 기브스를 한 나를 보고 성도들이 안타까워하며 집중적으로 기도해 주셨다. 개인적으로 해외 사역을 나갈 땐 이렇게 많은 성도가 기도로 동참해 줄 수 없지만, 교회에서 단체로 선교를 나가게 되니 성도 모두가 무릎 선교사로 동참해 줄 수 있어 더 힘이 나는 것 같았다.

장시간의 비행 끝에 몽골 울란바토르 칭기스칸 국제공항에 도착했다. 앞서 울란바토르 국제학교 공연을 위해 방문했을 때엔 고산지대라 두통이 심하게 오고 코피도 났었는데, 두 번째라 그런지 그런 증상은 없어 다행이었다. 1시간 반 가량 차를 타고 날라이흐에 생수의강 교회에 도착했다. 낡은 건물이었지만 단기 선교 팀을 위해 숙소도 충분히 마련되어 있고 예배당도 조그맣게 꾸며져 있었다.

먼저 도착 예배를 드리고 다음날부터 있을 성경 학교 준비를 하기 시작했지만, 나는 누워 있을 수밖에 없었다. 시간이 될 때마다 성경 학교 준비 모임에 참석하여 함께 준비하며 율동도 배워 놨는데 정작 몽골에 가선 아무것도 할 수 없어 아쉬움이 컸다.

울란바토르 하나님 의어린양 교회(김종진/장희수 선교사)와 한국 교회에서 세운 몽골 현지 교회에서 연주 사역을 했다. 역시나 한국에서는 자주 느끼지 못하는 성령의 역사가 예배 시작 때부터 느껴졌다. 내 연주 순서 전부터 은혜가 충만하여 마음에 치유가 일어났고 나도 모르게 눈물이 하염없이 흘러 내렸다.

"하나님, 사단의 방해에도 불구하고 몽골 땅을 다시 밟게 해 주셔서 감사합니다. 능히 이겨 낼 힘을 허락하셔서 감사합니다. 더 심하게 다치지 않게 해주셔서 감사합니다."

몽골에 오게 하심에 그저 감사하여 입술에 끊임없는 감사가 임했다. 그리고 내 순서가 되자 교통사고 환자인지 아무도 모를 정도로 열정적으로 연주했고, 전자 바이올리니스트를 처음 본 이들이 신기해 하며 뜨거운 반응으로 화답했다.

메인 사역인 날라이흐 홀에서의 콘서트 당일. 문화적으로 상당히 낙후되어 있고 교회에 관심 없는 지역 주민을 초청하고자 콘서트홀 앞 광장에서 게릴라 연주를 진행했다. 반짝이 의상을 입고 앰프 하나 들고 나가 한적한 광장에서 무작정 연주하기 시작했다. 솔로 노방 공연은 아무리 많이 해도 할 때마다 어색하고 민망하다. 여럿이 같이하면 훨씬 낫지만, 앞에 관객이 없는 상태에서 지나가는 사람들 눈을 마주치며 미소 짓고 연주하기란 여간 뻘쭘한 일이 아니다. 그래도 내가 해야 하는 일이기에, 할 수 있는 일이기에 하나님께 도움을 구하며 용기 내는 것이다. 연주가 시작되자 주변을 지나던 많은 현지인이 관심을 갖고 모여 들었고 같이 나간 우리 멤버가 콘서트 전단을 나눠 주며 홍보했다. 사실 선교사님과 우리는 걱정을 했다. 이 메마른 땅에서 지역 주민들이 하루하루 살아가기도 버거운데 이런 콘서트에 오기나 할까? 자기와는 무관하다고 생각하고 다들 안 오면 어떡하지? 그래서 더 절실히 합심하여 기도했다.

지역 최고의 콘서트홀이라지만 좋은 음향과 조명을 기대하긴 어려웠다. 테크니션과 소통도 잘 안 돼 리허설부터 어려움이 컸다. 매번 연주 후엔 목과 허리 통증이 심하게 와 진통제도 잘 듣지 않아서 리허설 내내 이를 악물고 참아 낼 수밖에 없었다. 하지만 우리 하나님은 최악의 상황에서도 최고의 것을 허락하실 것을 믿고 그냥 주님께 모든 걸 맡겼다. 사람이 일하면 그저 사람이 행하는 일이 되지만 주님께 기도하면 주님께서 일하시기에…….

콘서트 시간이 다가오자 객석이 한 자리, 두 자리씩 차기 시작했다. 성경 학교에 참가한 아이들이 가족을 데리고 오기도 했다. 그리고 정말 기적과 같이 콘서트홀이 만석이 되어 좌석이 모자랄 정도로 많은 지역 주민이 왔다!

"할렐루야! 좋으신 하나님, 감사합니다!"

하나님께서 콘서트홀에 모여들 영혼을 이미 예비해 놓으심을 확실히 깨닫게 되었다. 그리고 나의 부족한 믿음이 한없이 부끄러웠다. 대상이 한 명이든 백 명이든 관계없이 주님만 내 연주를 받으시면 된다는 마음은 변함이 없었지만, 이렇게 많은 영혼을 보내 주시니 더 힘내서 열심히 연주하고 노래했다. 나중에 선교사님을 통해 알게 된 사실이지만, 상품으로 나눠 준 내 CD도 서로 갖겠다고 할 정도로 인기가 좋았고 또 콘서트에 참석한 가정 중 한 가정이 생수의강 교회에 등록하여 출석 교인이 되었다고 한다. 얼마나 감사한지 몰랐다.

몽골 사역에서 기적 같은 치유는 일어나지 않았지만 더 값진 선물을 받았다. 잃어버린 영혼이 주님께로 돌아오는 것만큼 소중한 선물은 없는 것 같다. 이들이 예수그리스도를 영접할 때에 분명 천국에서는 잔치가 일어났을 거라 믿어 의심치 않는다.

지진

"뉴질랜드의 가장 침울한 날입니다. 183명이 죽고 수천 명이 다쳤습니다. 6.5진도 지진이 크라이스트처치의 심장인 시내 중심을 강타했습니다. 무너진 건물과 차 안에 있는 사람은 살아남기 힘들 겁니다. 얼굴이 피범벅이 된 생존자들이 계속해서 구조되어 나오고 있습니다."

뉴스 리포터가 보도했다.

"바바바박! 하고 굉음이 들렸고 갑자기 제가 일하고 있던 식당 바닥이 흔들리더니 테이블이 무너져서 그 밑에 깔렸습니다."

"저는 점심시간이라 밖에 나와 있었는데, 회사 건물 안에 있던 동료들은 지금 갇혀 있거나 옥상으로 대피해 구조를 기다리고 있어요. 동료들이 괜찮길 바랄 뿐이에요"

"크라이스트처치 대성당이 무너졌어요. 우리집도 다 무너졌어요. 여

진이 언제 다시 올지 몰라 무서워요. 우리는 이제 어디로 가야 하나요?"

크라이스트처치 지진 생존자가 그때 상황을 진술했다.

크라이스트처치(Christchurch)는 뉴질랜드 남섬에 있는 가장 큰 도시이다. 도시 이름을 따서 시내 중심부에 세워진 '크라이스트처치 대성당'이 도시의 자부심이다. 그렇기에 많은 방문객이 방문하는 최고의 관광 명소이기도 하다. 나도 크라이스트처치에 여행으로, 또 연주와 방송 일정으로 몇 번 다녀간 적이 있다. 이번에도 남섬 투어 연주 일정이 잡혀 식구들과 함께 크라이스처치에 가게 됐다. 오클랜드와는 사뭇 다른 고풍스러운 건물과 멋스러운 도시 분위기의 크라이스트처치를 기대했지만, 이번엔 달랐다. 이전 해, 도시 부근에서 일어난 7.8진도 지진과 여러 차례 여진의 여파로 인해 부서지거나 무너진 건물이 수없이 많아 분위기가 전체적으로 침울했다.

청년이 주를 이루는 마제스틱처치 현지 교회는 지진 이후로 도시를 떠난 성도가 많아 교인 수도 많이 줄고 분위기도 다운되어 있었다.

"여러분, 고난이 유익입니다. 주님께서 이런 시간을 주신 이유가 분명히 있을 것입니다. 우리 크리스천들이 이 도시와 지역 주민을 위해 더욱 더 기도하며 나아갑시다!"

나는 메시지와 함께 찬양과 연주로 은혜를 나눴고, 주님이 나를 통해 성도들에게 새 힘을 허락하셨다.

사역 후 식구들과 며칠 쉬면서 다음 사역지인 블레넘으로 갈 준비를 했다. 크라이스트처치에서 차로 5시간 반 거리인 블레넘은 작지만 아름다운 도시이다. 동쪽 해안가를 따라 쭉 가는 길은 그야말로 절경을 이룬다. 차로 이동하면서 저 멀리 큰 바위 위에서 빛을 쬐는 물개무리도 보이고 헤엄치는 돌고래 떼도 보였다. 이동하는 도중 나타난 마을에 잠시 쉬기 위해 멈췄다. 늦은 점심을 먹으러 식당가에 들어갔다. 그런데 뭔가 심상치 않은 분위기가 느껴졌다. 텔레비전에서 뉴스가 나왔는데 들어보니 크라이스트처치에 지진이 났다는 것이다! 불과 몇 시간 전 내가 봤던 건물들과 대성당이 처참하게 무너졌고 차와 길도 모두 붕괴됐으며 피범벅이 된 사람들이 부축을 받으며 이동하는 장면이 나왔다! 이전 해 일어난 지진보다 강도는 약했지만 시내 중심부에 가장 사람이 많은 점심시간에 지진이 강타해서 인명 피해가 점점 늘어났다. 또한 보수가 아직 안 되어 지지대로만 버티고 있던 건물이 대부분이라 이번 지진으로 인해 속수무책으로 무너져 버린 것이다!

나중에 안 사실이지만, 내가 사역한 마제스틱교회 건물도 심하게 붕괴됐고, 내가 출연했던 CTV 방송사는 아예 주저 앉았다고 한다. 그리고 그 건물에서 영어 공부하던 한국인 학생 두 명도 사망했다는 소식을 들었다. 너무 놀라고 황당해서 말이 안 나왔다. 불과 몇 시간 전에 내가 저기 있었는데! 하나님이 간발에 차이로 나와 식구들을 피하게 하셨다는 생각에 감사하면서도 수많은 희생자를 위해 기도할 수밖에 없었다.

"하나님, 저를 또 구해 주셨네요. 제가 아직 감당할 사명이 남아서 살려주신 거겠지요? 주님이 데려가시는 날까지 주님 찬양하고 한 영혼이라도 더 구원에 이르게 하는 데에 힘쓰겠습니다. 그리고 저 크라이스트처치의 지진으로 인해 죽은 영혼을 불쌍히 여기시고, 사랑하는 이를 잃은 아픔을 가진 자들을 세상이 줄 수 없는 주님의 크신 사랑으로 위로하셔서 주님을 의지하는 계기가 되게 해주세요."

몇 년 뒤, 한국에서 열린 국제 학생 캠프에 강사로 선 영국인 목사님께 들은 이야기다. 첫 번째 지진으로 인한 인명 피해가 전혀 없음에 감사해서 크라이스트처치에 있는 교회가 연합하여 대성당 앞에서 감사 예배를 드리기로 했다. 하지만 서로 그 중심에 서려는 욕심에 교회가 연합하지 못해서 결국엔 감사 예배가 드려지지 못했다고 한다. 반면에 세상 사람들은 살아 있는 것을 축하하는 의미로 대성당 앞에서 파티를 열었다고 한다. 그리스도의 교회라는 이름의 도시 중심에 자리 잡은 교회가 이제는 관광 명소가 되었고 그 근방은 관광객의 유흥을 위한 환락가로 전락해 버려 하나님께서 안타까운 마음으로 벌하신 게 아닌가 조심스럽게 생각해 봤다. 또한 이번 지진으로 인해 크라이스트처치의 기독교인이 경각심을 갖고 다시 한 번 기도의 불씨가 일어나기를 소망한다.

뉴질랜드 남섬 투어 다음달은 일본 투어 일정이 잡혀 있었다. 뉴질랜드에서 귀국하자마자 일본어 찬양을 외우고, 일어 자막 영상을 만드는 등 열심히 기도하며 준비하고 있었다. 하지만 출국 바로 며칠 전, 9.0 강도의 동일본 대지진이 일어난 것이다! 이로 인해 2만 2천여 명이 사망 또는 실종됐고 50만 명의 피난민이 발생했다. 그래서 나는 일본으로 출국할 수 없게 되었다. 텔레비전으로 본 일본의 상황은 정말 안타깝고 가슴 아팠다. 그저 한국에 남아 가족과 집을 잃은 수십만 명의 영혼을 위해 기도할 수밖에 없었다.

몇 달 뒤에 멘토 크루가 일본 현지 교회 교인들과 함께 피해 지역인 이시노마키에 구호 물품을 들고 찾아갔다. 도착 1킬로미터 전부터 비린내가 코를 찌르는 듯했고 마스크를 두 개씩 써도 썩은 해산물 냄새가 진동했다. 쓰나미에 쓸려 항구에 있던 몇 십 톤의 생선과 오징어가 도시 전역에 흩어져 썩어서 몇 달이 지나도 다 치우지 못해 나는 냄새였다. 작업복을 두 개씩 껴입고 복구와 청소 작업을 해도 속에 입고 있던 옷까지 썩은 내가 배고, 몇 번씩 비누칠하며 샤워해도 몸에서 냄새가 빠지지 않았다.

"거대한 진동이 느껴지고 나서 보니 바다 저 먼 곳에서부터 시꺼먼 쓰나미가 마을을 향해 엄청난 속도로 달려 들었어요. 그래서 무조건 높은 곳을 향해 뛰기 시작했죠."

그나마 빨리 움직여 대피한 생존자의 진술이다. 최고 높이 30.5m의 쓰나미가 시속 115km/h로 해안 역을 덮쳤기에 삽시간에 많은 사람이 사망한 것이다.

"쓰나미가 해안가에 있던 교회 건물 하나를 강타하더니 속도가 확 줄어서 그나마 내가 살 수 있었어요."

이렇게 진술을 한 사람도 있었다. 그 교회 건물은 온데간데없이 부서졌지만, 그 덕에 주변에 있던 많은 사람이 생존할 수 있었다고 보됐다. 하지만 집을 잃은 주민들은 동네 체육관에서 박스로 칸막이를 쳐서 자기 공간을 확보하여 구호품으로 하루하루 연명해 나갔으며 그 얼굴에는 삶의 소망이 없어 보였다. 그런 이들에게 멘토 크루와 현지 교회 성도들이 주께 하듯, 온전히 섬기며 다가가기 시작했다. 첫날엔 눈도 마주치지 않으려 하던 피난민들은 수일 시종일관 청소와 복구 작업을 하고, 그들을 섬기는 모습에 점점 마음의 문을 열기 시작했다. 멘토 크루가 체육관에서 비보잉과 댄스 퍼포먼스를 하니, 피난민들이 조금씩 관심을 갖고 힐끗힐끗 보기 시작했고, 마지막에 <당신은 사랑받기 위해 태어난 사람>을 일어로 부르며 그들을 축복하니, 눈시울을 붉히는 사람이 많이 보였다. 온전한 섬김과 주님의 사랑으로 그들의 마음을 녹인 것이다.

"예수님이 당신을 사랑하십니다. 당신이 슬플 때 함께 가슴 아파하시고 영원히 당신 곁에 계실 겁니다. 예수님을 믿고 구원받으세요!"

구호 식품과 함께 복음을 나눴다. 감사한 일은 멘토 크루가 이시노마키를 떠나기 전날, 가족을 잃고 슬픔에 잠겨 말 한마디 안 하던 젊은 남자 청년 하나가 이렇게 고백했다는 것이다.

"예수님을 믿겠습니다!"

"와~!"

함성과 함께 멘토 크루와 교회 성도들이 얼싸 안고 기뻐 춤추며 천국 잔치가 열렸다. 한 영혼이 주님께 돌아오는 것보다 기쁜 일이 어디 있을까? 이렇게 예수의 삶을 본받아 우리가 살아 나갈 때 그 모습을 보고 영혼 구원이 이루어진다는 것을 몸소 깨달았다.

일본을 돕기 위해 전 세계에서 자원봉사자들이 모여들었다. 일본 현지인 자원봉사자보다 더 눈에 띈 것은 해외에서 온 자원봉사자의 수였다. 외국인 자원봉사자 중 기독교인의 수가 월등히 많았고, 일본 정부에서는 이를 고맙게 여겨 보답하는 행사를 준비했다고 한다. 일본에서는 이례적으로, 기독교인을 위해 큰 공연장에서 축제를 열 수 있도록 지원해 준 것이다! 이렇듯 그리스도의 이름으로 나를 희생하며 선행을 베풀면 그리스도의 사랑이 전해진다는 것을 일본 지진 사건을 통해 깨닫는 계기가 되었다.

"사역자는 모든 영혼을 사랑하며 주께 하듯 섬겨야 한다."

Bon Wave

　'본 월드 미션'은 '본아이에프(주)'에서 선교를 목적으로 파송한 선교 단체이다. 기도로 세운 기업이기에 선교에 대한 이사장님의 열정이 남다르다. 또한 문화 선교와 해외 사역에 대한 이해도도 각별하여 '본 웨이브'라는 타이틀로 해외 크리스천 케이팝 선교를 시작하셨다. 같은 비전을 품은 복음성가 가수 출신 목사님의 리드로 인도네시아와 필리핀에서의 크리스천 케이팝 선교를 성공적으로 마쳤다. 하지만 목사님이 사임하게 되어 잠시 사역이 중단되었다.

　해나리, 남성 그룹 '아이보이스', 여성 그룹 '로즈엠', 댄스 그룹 '소울 바이브', 이렇게 네 팀의 아티스트와 선교사님, 조명, 영상, 음향 엔지니어, 코디네이터, 메이크업 아티스트 등의 스텝 총 20여 명이 한류 열풍이 강하게 부는 나라를 공략해 문화 선교를 나갔다.

인도네시아의 한류 열풍은 실로 대단했다. 첫 회의 선교 사역 이후 SNS를 통해 인도네시아 팬들이 아티스트들에게 다시 와 달라고 끊임없이 요청했다. 그래서 내가 팀들을 다시 한 자리로 불러 모았다.

"한류 열풍은 하나님이 우리 같은 문화 사역자에게 해외 선교를 위해 주신 기회라고 생각합니다. 여러분도 마찬가지겠지만, 해외 팬들이 매일 저한테 SNS를 통해 다시 와 달라고 요청하고 있어요. 어떻게 해서든 비용을 마련해서 우리가 다시 저들을 찾아가 선교해야 하지 않을까요?"

이 제안에 모두 동의를 했고, 기획안을 만들어 직접 '본 월드 미션' 이사장님을 찾아갔다.

"이사장님, 이 본 웨이브 사역은 하나님이 우리에게 주신 기회입니다! 지난 2회의 선교를 통해 수많은 영혼이 예수 그리스도께로 나아온 걸 보지 않으셨습니까? 이 한류 열풍이 지나가기 전에 이 사역이 지속되어야 합니다. 저희가 직접 준비해 보겠습니다. 함께해 주세요!"

"다시 찾아와 주셔서 감사합니다. 제가 기도해 보고 다시 연락드리겠습니다."

결국 이사장님은 추진해 보라고 승낙하셨다.

각 팀의 리더들이 수시로 모여 회의하고 계획을 세웠다. 로고를 만들고, 콘서트 콘셉을 잡으며 프로그램을 짰다. 전에 영적인 리더로 함께하신 김종국 선교사님께 연락을 드려 다시 도움을 청했다. 선교사님도 흔쾌히 이번에도 함께하시기로 하여 이전에 방문했던 교회들과 연결해 주셨다. 영어가 능숙한 내가 총대를 메고 인도네시아 측과 연락하며 하나부터 열까지 코디네이팅했다. 본 웨이브 리더 역할에, 총무 역할에, 포스터 및 기념품 판매용 티셔츠와 팔찌, 씨디 자켓 디자인까지 감당한 데다 국내 개인 사역 스케줄까지 소화해야 하니 몸이 열 개라도 부족했다. 하지만 매주 전체 모임을 통한 영성 훈련과 예배 시간이 있었기에 내 영혼은 어느 때 보다는 성령 충만했다. 그리고 다른 팀 리더들이 영상 제작 및 편집과 부수적인 업무를 맡아 주어서 모두 한 마음으로 선교를 준비할 수 있었다.

최대한의 비용 절감을 위해 가장 저렴한 항공편으로 티켓팅을 했는데, 갑자기 문제가 생겼다. 출발 일주일 전 우리가 타고 갈 항공편이 결항했다는 것이다! 소식을 들은 나는 다리에 힘이 풀려 그 자리에서 주저앉고 말았다.

'이미 인도네시아 쪽에서는 콘서트 홍보도 다 하고 숙소와 국내선 비행기 편까지 다 준비해 놨을 텐데, 우리가 못 가게 되면 어떡하지?'

멤버들의 스케줄과 인도네시아 측의 사정 때문에 출발 날짜를 변경할 수도 없는 노릇이었다. 항공사 측은 항공료 전액을 환불해 준다는 말밖에는 하지 않았고, 타 항공사 항공편을 백방으로 알아 봤지만, 우리 예정일에 출발하는 항공편은 없었다. 알아 보는 내내 식은땀이 났고 1시간이 1년 같이 느껴졌다. 머리가 하얘지면서, 우리가 가는 날만을 학수고대하며 기다릴 12,000여 명의 팬들이 생각났다. 몇 달 동안 기도하며 준비하고 있을 인도네시아 6개 도시의 교회 목사님과 관계자들의 얼굴도 떠올랐다. 그리고 멤버들과 함께 기도하기 시작했다.

"이번 선교를 계획한 분도 하나님이시고, 이루시는 분도 하나님입니다. 주님의 뜻이 계신다면 우리를 이번 선교에 보내소서! 주님은 불가능한 게 없는 분임을 믿습니다!"

모든 걸 내려놓고 평안한 마음으로 기도했더니 며칠 뒤 국내 항공사에서 같은 날 출국하는 항공편이 같은 가격에 떴다! 할렐루야! 국내 항공사

비행기는 비싸서 타고 갈 생각도 못 했는데, 결국 하나님이 더 좋은 비행기로 타고 가게 해 주셨다.

그런데 문제는 거기서 끝나지 않았다. 인도네시아는 이슬람이 주를 이루는 나라라 선교 비자가 발급이 안 된다. 그래서 첫 회 때도 공연 비자를 받아 들어갔는데, 이번엔 테러로 인해 공연 비자도 막혀 버린 것이다. 출국이 며칠 안 남은 상태에서 인도네시아 대사관에 새벽같이 가서 다른 경로로 들어갈 수 있는 비자도 알아 봤지만, 방법이 없었다. 인도네시아 측에 연락하여 기도 부탁을 하고 무작정 관광 비자로 들어가 보기로 했다. 우리가 가져가는 악기와 조명, 음향기기 등이 세관에 걸려서 공연을 목적으로 입국하는 게 발각되면, 우린 그 자리에서 한국으로 되돌아와야 한다. 공항에 도착해서 두근거리는 마음으로 입국 심사를 받기 위해 줄을 서서 기다리고 있었다. 그런데 심사 직원이 멀리서 나를 보며, "코리안 보컬? 코리안 보컬?"이라고 묻는 것 같았다. 처음엔 못 알아 들어서 가만히 있었다. 그리고 한참 후에 다시 "코리안 보컬? 코리안 보컬?"이라고 다시 물어 봐서 다가갔더니 "한국에서 온 공연팀입니까? 멤버 전원이 먼저 입국 심사받고 들어가세요."라고 말하는 것이 아닌가! 처음에 나는 공연팀인 게 들통 나서 입국을 거부당할까 봐 마음 졸이고 있었는데, 알고 보니 자카르타 교회의 교인 한분이 공항 관계자여서 우리의 상황을 알고 속행으로 입국 가능한 비자를 발급해 준 것이었다.

자카르타, 수라바야, 메단, 반둥, 바투/말랑, 발리, 이렇게 여섯 개 도시에 있는 규모가 가장 큰 교회에서 콘서트를 열었다. 일주일의 일정 동안 여섯 개 도시를 다 돌아야 해서 스케줄이 여간 빡빡한 게 아니었다. 저녁 콘서트뿐만 아니라 틈틈이 현지 교회와 한인 교회, 신학 대학교에서도 특송으로 섬겨야 했고, 라디오와 TV 방송 스케줄도 감당해야 했다. 매일 비행기를 타고 도시 이동을 해야 했으며, 호텔에 짐을 풀자마자 수시간의 리허설 이후 VIP와의 포토타임 및 식사, 콘서트, 사인회, 교회 관계자들과의 연회 및 간담회 일정을 모두 소화해야 했다.

인도네시아 측에서는 우리가 한류 스타인 듯 최고의 호텔과 최고의 음식으로 대접해 주었고, 공항에 도착해서부터 계속 같이 다니며 사진과 영상 촬영을 했다. 그래서 몹시 피곤하고 힘들어도 항상 얼굴에 미소를 띠기 위해 노력했고 더욱 말과 행동을 조심함으로 그리스도의 본을 보여야 했다. 하지만 팬들의 응원과 사랑, 넘치는 열정 덕에 더욱 힘을 내서 사역을 감당할 수 있던 것 같다.

수도 자카르타에서는 한류스타 콘서트가 간간이 열리지만 타 도시에선 케이팝 콘서트가 열리기 쉽지 않다. 그래서 우리가 그들을 처음 방문한 한류스타가 되었다. 콘서트의 주최가 엔터테인먼트나 대기업이 아닌 지역 교회인 데다 크리스천 케이팝 콘서트인데도 불구하고, 지역 방송에 홍보가 되고 시내 길거리에 가로수마다 우리 사진이 붙었다. 쇼핑몰 메인 전광판에도 콘서트 홍보 영상이 반복 재생되고 도시 내에서 밴이나 버스로 이동할 때에는 경찰 오토바이가 따라다니며 호위해 주었다. 또한 리허설 시간부터 숙소로 돌아가는 차량에 탑승할 때까지 아티스트 한 명에 경호원 한 명씩이 붙어 경호해 주고, 팬 사인회 때는 수백 명이 몰려들기 때문에 덩치가 큰 경찰이나 경호원이 질서를 잡아야 했다. 우리가 정말 유명한 한류스타가 아닌데도 이렇게 사랑해 주니 얼떨떨하고 감개무량할 뿐이었다. 하지만 잊지 말아야 할 것은 이 모든 게 하나님의 계획하심이라는 것, 이 영향력을 통해 열매 맺기를 원하신다는 것, 그래서 교만해지면 절대 안 된다는 것이다.

콘서트의 기본적인 흐름은 이렇다. 먼저 댄스팀의 화려한 케이팝 댄스 퍼포먼스로 문을 연다. 인도네시아 젊은이도 대부분의 유명 케이팝 곡을 다 알기에 소리 지르며 따라 부른다. 여성 그룹 로즈엠과 내가 함께 준비한 케이팝 노래와 댄스 커버도 비기독교인의 마음 문을 여는데 한 몫한다. 건전한 가사가 담긴 곡을 선곡하는 것은 항상 큰 숙제다. 그리고는 솔로 및 팀별로 팝 CCM과 각 팀의 대표곡으로 프로그램을 채워 나간다. 아티스트 전원이 함께 무대로 나가 신나는 율동과 함께 부르는 복음성가가 콘서트의 전환점이라고 할 수 있다. 이쯤 되면 관객 모두 신이나 다 함께 일어나서 같이 춤추는 축제의 장이 된다. 이후 분위기를 가라앉히기 위한 차분한 찬양곡에 이어 귀한 메시지가 있는 짧은 영상이 나의 간증 시간 전 관객의 마음을 녹이는 역할을 한다. 김종국 선교사님의 파워풀한 메시지가 콘서트의 하이라이트다. 꿈과 비전 없이 하루하루 살아가는 인도네시아 젊은이들에게 복음을 전하신다.

"여러분은 예수 그리스도 안에서 특별한 존재입니다! 예수님은 여러분을 구원하시기 위해 십자가에서 돌아가셨습니다. 여러분을 목숨보다 더 사랑하기 때문입니다. 이 시간, 한국에서부터 여러분을 만나기 위해 온 케이팝 아티스트들이 찬양하고 사랑하는 예수님을 영접하기 원하는 사람은 모두 앞으로 나와서 기도하기 바랍니다."

선교사님의 콜링에 2,000여 명의 관객 중 수백 명의 젊은이가 쏟아져 나와 무릎 꿇고 눈물 흘리며 기도했다. 이 모든 것이 주님이 하신 일이다. 우리는 그들 어깨에 손을 얹고 그들의 영혼을 위해 중보 기도했다. 기도 후 앞으로 나온 영혼들에게 지역 교회 스텝이 다가가 콘서트 이후에도 교회에 나가 신앙생활을 할 수 있게 이름과 연락처를 받았다. 마지막 순서로 아티스트 전원이 인도네시아 교회 밴드와 콜라보로 피날레 찬양을 하고 마쳤다.

크리스천 케이팝 콘서트의 가장 큰 비중은 팬 사인회와 포토타임에 있다. 1대 1로 눈을 마주치고 이름을 물어 보며 사인하고, 'God bless you', 'Jesus loves you' 등의 축복의 말을 해줄 때 그들은 우리를 통해 직접적인 하나님의 사랑을 느낀다. 아무래도 무대에 선 이의 말과 행동이 이들에게는 더 와 닿기 마련이다. 콘서트 시간만큼 오래 걸릴 수 있지만 참 중요한 시간이기에 피곤을 이겨 내고 끝까지 견뎌야 한다. 그것이 우리의 사역이기에…….

인도네시아에서는 6개 도시에서 만난 수만 명의 관객 중 1,200여 명이 예수 그리스도를 영접하는 놀라운 역사가 일어났다. 필리핀과 태국에서도 마찬가지로 많은 영혼이 주님께 돌아오는 귀한 열매가 맺혔다. 리더와 아티스트 역할을 병행하다 보니 체력 저하와 수면 부족으로 두 번이나 쓰러지고 댄서들의 부상이 속출했지만, 모든 무대를 능히 감당해 낼 수 있게 힘과 능력 주신 분은 우리 좋으신 하나님이라고 고백할 수밖에 없다. 한류 열풍이 지속되는 한 크리스천 케이팝 문화 사역은 꼭 필요한 사역이고 계속 이어져야 한다.

"사역자는 주님이 허락하신 기회와 흐름을 좇아 교만하지 말고 주님 사역에 쓰임 받아야 한다."

그 사랑 때문에

화려한 의상에 메이크업, 멋진 연주와 노래,

박수갈채, 포토타임과 사인회······.

무대에 서면 너무나도 화려해 보이는 아티스트······.

마치 레드카펫을 걷는 스타와 같다.

그렇다. 나도 레드카펫을 걷는다.

하지만 내가 걷는 레드카펫은

스타들이 걷는 화려함으로 물든 길이 아닌

예수 그리스도의 보혈로 물든

붉은 십자가의 길이다.

예수 그리스도의 십자가를 지고 그의 삶을 본받아 살아가는 그 길은

결코 원만하고 쉬운 길이 아니다.

"누구든지 나를 따라오려거든 자기를 부인하고
자기 십자가를 지고 나를 따를 것이니라"(마16:24).
사도바울의 고백처럼
자기를 '부인'하는 일은
내 모든 것을 내려놓는
어려운 고난의 길인 것이다.

'주님이 걸으신 그 길
붉은 피로 물든 그 길
수십 번 넘어지고 찢기고 상하시며
홀로 걸으신 길

나 이제 피할 수 없어
붉은 길을 걸어가요.
피하지 않으시고
날 위해 견디시며
오르신 좁은 길

그 사랑 때문에
그 사랑 때문에
그 길 걸어가죠.
십자가 길
나 이제 주를 위해 살고
주를 위해 죽고
주와 함께 건네
그 길'

세상의 부와 명예를 얻는 것도 아닌,

몇 번이나 죽을 뻔하고 수십 번 몸이 상하면서도

주님을 찬양하고 복음을 증거하는,

이 찬양 사역자의 길을 걷는 이유…….

바로 그 예수님의 사랑을 알기 때문이다.

주와 함께 살고,

주와 함께 죽는

이 붉은 길로

이 곡을 듣는 모든 이를 초청하는 의미로

이 곡의 가사를 쓰고 노래를 부른다.

PART 5

방송을 통한 복음 전파

"해나리 씨, 어제 텔레비전에서 <불후의 명곡> 프로그램을 봤는데, 해나리 씨가 나오더라고요! 정말 멋졌어요!"

<불후의 명곡>이 방영된 다음날 주일, 사역지에 가니 많은 성도님이 먼저 나에게 다가와 방송 이야기를 하셨다. 사실 내가 유명한 CCM 사역자가 아니라서 어느 사역지에 가든 나를 처음 보는 분이 60퍼센트 이상이다. 그래서 사역지에 처음 도착하면 살갑게 다가와 먼저 알아봐 주는 분이 드물지만, 공중파 방송을 한 번 타니 그 반응이 달랐다. 이게 바로 미디어의 힘인가 싶었다.

처음 유진 박과 공연하며 세상 음악을 할 때는 유명해져야 했기에 공중파 방송을 타는 게 절실했다. 하지만 하나님께서 기독교 음악으로 내 발걸음을 돌리신 이후부터는 내가 유명해지고 팬들이 많아지면 교만해

질까 봐 방송 타는 걸 두려워했다. 그래서 공중파 방송 출연 제의가 들어오면 항상 주님이 원하시는지 먼저 여쭈었고, 확실한 'Yes'의 답이 없으면 거절했다. 행사도 마찬가지다. 기독교 사역이 아닌 일반 행사는 출연료 액수 자체가 다르다. 하지만 하나님을 찬양할 수 없거나 복음을 전할수 없는 자리면 아무리 큰 금액의 출연료가 책정된다고 할지라도 거절해왔다. 주님께서 내가 준비됐다고 사인을 주실 때까지 기다린 것이다. 사역 10년 차가 되고 더 이상 세상의 부와 명예에 현혹되지 않게 되었을 즈음, <불후의 명곡>에 출연할 기회가 왔고, 어떠한 방해 없이 방송 녹화를마치게 됐다. 물론 내가 메인 가수로 출연한 건 아니었지만 사역에 도움이 된 건 확실하다.

EBSe 케이블 방송사의 <스타 잉글리쉬> 프로그램에 출연했을 때도 마찬가지였다. 방송 시간 내내 지인들로부터 전화와 문자 메시지가 쇄도했고, 개인 SNS에도 내가 나오는 화면을 캡처해서 올리는 사람도 많았다. 복음을 노골석으로 이야기할 수는 없었지만, 하나님께서 내게 행하신일을 잘 포장해서 희망적인 메시지로 나눌 수 있었기에 출연한 것이다.

기독교 방송에 가장 먼저 발을 들인 곳은 CBS <새롭게 하소서>라는 프로그램이다. CBS의 가장 대표적인 간증 프로그램에서 섭외 요청이 들어왔을 때 깜짝 놀랐고 또 감개무량했다. 어린 나이지만 진솔하고 겸허하게 하나님이 나를 만나주신 이야기를 은혜롭게 그려냈다는 좋은 평가가 잇따라 들어와 감사했다. 그래서인지 방송 이후 CTS, CGNTV, 굿티비 등의 타 채널에서도 섭외 요청이 연달아 들어왔다. 방송은 해 본 사람이 더잘 안다고, 여러 차례 하다 보니 감성적이지만 간결하게, 또 진솔하게 이야기할 때 그 마음이 시청자에게도 전달된다는 것을 깨닫게 됐다. 집회를 할 땐 그 장소에 있는 청중에 국한되어 은혜를 나누게 되지만, 방송에서 간증과 연주를 하면, 모든 시청자와 함께 하나님의 역사하심을 나눌 수 있어 모든 제의를 마다하지 않고 출연했다.

라디오 방송도 마찬가지다. 극동방송, CBS라디오 등 공중파 방송과 CTS라디오Joy, 와우CCM, 희망방송 등의 인터넷 방송에도 여러 차례 출연할 기회가 주어졌다. 극동방송은 북한에까지 송신되어 많은 북한 동포까지 들을 수 있고, 인터넷 방송은 주파수와 관계없이 세계 각지에서 누구든 들을 수 있다. 실제로 북한 동포가 우연히 극동방송을 듣게 되어 성경을 읽고 복음을 받아들인 사례가 많다. 해외에 사는 교민 또한 기독교 인터넷 방송을 접하고 예수를 믿기 시작한 사람도 많아 방송의 역할이 크다는 것을 느낀다. 그래서 나도 인터넷 방송 BTWJ '주락'의 한 코너의 DJ로 수개월간 활동했다. 새로 나온 CCM과 숨겨진, 주옥같은 CCM을 소개하는 코너였다. 좋은 곡을 소개하기 위해 더 많은 CCM을 듣고 노래의 배경에 대해 알아가면서 나 자신도 회복되고 청취자도 보물 같은 찬양에 은혜받는 귀한 시간이 되었다.

CTS라디오 Joy의 대표적인 인기 프로그램 <번개탄>은 미디어 사역의 중요성을 누구보다 잘 아시는 임우현 목사님의 야심작이다. CCM 가수, 청소년, 청년 사역자, 크리스천 아티스트, 특수 목회자 등 다양한 사역자를 초청해서 라디오 방송과 공개 방송을 진행해 왔다. 또한 특별한 절기 때마다 여러 사역자를 연합시켜 지방 여러 곳에서 공개 방송 투어를 진행했는데, 나도 많은 일정에 합류하여 미디어 사역과 지역 청소년의 부흥을 도모하는 귀한 일에 일조하는 영광을 얻었다. 하나님이 선교를 위해 허락하신 미디어를 우리 기독교인이 지혜롭게 사용하여 거룩한 콘텐츠를 통해 복음 전파가 더욱 더 활성화되길 소망한다.

자살 예방 강연

CBS PD님의 소개로 자살 예방 행동 포럼 라이프(LIFE)에서 연락이 왔다.

"안녕하세요? 라이프입니다. 매달 다른 지역에서 열리는 자살 예방 강연에 해나리 씨를 강연자로 한 번 초청하고 싶습니다."

"네? 저를요? 저는 자살 예방 강연을 한 번도 해본 적이 없는데요?"

우선 너무 부담스러웠다. 삶이 너무나도 힘들어 스스로 목숨을 끊으려는 사람들한테 내가 무슨 얘기를 해줄 수 있을까 고민되었다. 나는 신앙으로 자살 충동을 극복해 냈지만, 신앙이 없는 사람들에게 어떤 희망적인 메시지를 전달할 수 있을지도 전혀 감이 안 잡혔다. 그래서 정중히 거절했지만, 자살 기도를 하려는 사람에게 조금의 관심과 사랑이라도 주어진다면 살고자 하는 용기와 삶에 대한 의욕이 다시 생겨난다는 말에 결국 강연하기로 결심했다.

"하나님, 제가 어떤 이야기를 어떻게 풀어 나가야 할까요? 제 삶에서 하나님을 뺀다면 아무런 이야기도 할 수 없을 텐데요. 주님께서 저에게 지혜를 허락해 주세요."

간절히 기도하는 중에 주님께서 주신 마음은 내가 힘들고 아팠을 때 이야기를 나누라는 것이었다. 생각해 보니 뉴질랜드에서 동양인으로 살면서 인종차별과 소외당한 아픔, 대학에서 바이올린 전공을 할 때 팔에 마비가 와서 바이올리니스트로서 사형선고를 받았을 때, 한국에 나와 활동을 시작하고 당했던 아픔과 시련, 배신 등, 나의 길지 않은 인생에서 역경이 참 많았다(Part 1 참고). 그래서 그 일화를 쭉 적어 보고 어떻게 극복했는지도 떠올려 봤다. 또 내가 직접 만난 희망적인 이야기와 인물을 나열해 봤다. 사지가 없는 희망 전도사 닉 부이치치 (Part 3, 1장 참고), 파타야 HIV 재활 센터에서 만난 HIV 보균자 아이들 (Part 4, 4장 참고), 아프리카 땅 에스와티니 왕국에서 만난 해맑은 아이들(Part 4, 6장 참고) 등 절망적인 상황에서도 희망을 품고 용기 있게 살아가는 이들이 뇌리를 스치고 지나갔다. 그래서 내 이야기와 그들의 이야기를 접목하여 강연을 준비했다.

대전 서구 문화원에 도착하니 나의 떨리는 마음을 표현하듯 거친 비바람이 몰아쳤다. 악천후라 관객이 많이 못 올 거라는 생각과는 달리 객석은 만석이었다. 그만큼 강연을 듣고자 하는 열정이 큰 관객으로 홀이 찼다는 생각에 고맙기도 하고 가슴이 뭉클해졌다. 이 중에는 분명 자살 기도를 한 적이 있거나 자살을 계획하고 있는 사람도 있을 거라 생각하니 어깨가 무거워져서 하나님께 기도했다.

"하나님, 주님의 어린양들이 이렇게나 많이 모였습니다. 오늘 제 입술을 주장하시어 모든 관객이 삶에 대한 감사함과 주님의 살아계심을 느끼는 시간이 되게 해주세요. 또한 주님만이 생명의 주관자이심을 깨닫게 해주세요."

강연이 라이브 방송으로 나가서 시간을 철두철미하게 지켜야 했다. 말이 강연이지 내가 항상 해오던 집회 같이 연주와 간증을 적절히 섞어서 시간을 채워 나갔다. 종교적인 색을 띠면 안 되기에 하나님 이야기를 예쁘게 잘 포장하는 게 가장 어려운 일이었다. 하지만 강연 시간 내내 관객이 나를 통해 하나님을 보고, 듣게 되길 마음속으로 기도했고, 다시 한 번 삶에 소망을 갖고 돌아가길 간절히 바랐다.

처음 한 자살 예방 강연이라 말도 많이 버벅대고 두서없이 이야기한 부분도 있었다. 하지만 강연을 마치고 나서 관계자로부터 자살 결심을 한 몇 명의 관객이 강연을 듣고 다시 살 소망을 찾았다는 피드백을 듣고 정말 감사했다. 역시 주님이 그들의 마음을 움직이셨다고밖에 고백할 수 없었다.

이후로도 자살 예방 강연 요청이 몇 번 들어왔는데, 특별히 주한 미군 부대에서 미군들을 대상으로 강연할 기회가 주어졌다. 한국에서 복무하는 미군의 자살 수치가 9월에 급등한다고 한다. 그래서 미국 정부에서 부대 내에 자살 예방 부서를 따로 만들어 관리하고, 9월에 집중적으로 자살 예방 강연을 진행한다. 내 사역을 우연히 접하게 된 한국 태생 미군 목사님이 나를 자살 예방 부서장에게 소개해 주셨고, 진부하게 세미나로만 진행하던 강연을 퍼포먼스와 함께 흥미롭게 진행하기로 계획했다.

두 시간의 쇼를 나 혼자 영어로 이끌어 가야 했다. 그래서 퍼포먼스를 더 극대화하기 위해 레이저쇼 아티스트와 LED 트론 댄서를 영입하여 더욱 버라이어티하게 준비했다. 화려한 공연으로 쇼의 문을 열고, 사진과 영상 자료를 이용하여 강연을 이끌어 나갔다. 중간중간에는 스토리와 연관된 곡으로 감성을 자극했으며, 닉 부이치치의 짧은 스피치 영상도 나눴다. 엔딩으로는 다 함께 <I believe I can fly>를 부르며 희망을 노래했고, 빠른 연주에 신나는 댄스 타임을 통해 행복한 추억을 남겼다.

　하루에 두 시간짜리 쇼를 두 번, 나흘 동안 하고 나니 체력 소모가 심해 몸이 많이 지쳤다. 하지만 강연 시간 내내 행복해 하던 미군들의 모습에 힘을 냈고, 강연 이후 내 SNS 계정을 통해 남긴 피드백 덕에 큰 보람을 느꼈다.

　"해나리 씨, 내가 군 복무하는 동안 미국에 있는 여자 친구가 자살했어요. 멀리 떨어져 있어 아무것도 해줄 수 없는 내 모습에 큰 죄책감과 쇼크가 왔고, 우울증에 빠져 나 또한 삶의 소망을 잃어 자살 기도를 하려고 했답니다. 하지만 나보다 더 어렵고 힘든 상황에 처해 있는 수많은 사람들이 있다는 걸 강연을 통해 깨닫고 다시 한 번 살아갈 용기를 얻었어요. 고맙습니다."

　이 메시지 외에도 수많은 긍정적인 피드백이 들어와 정말 감사했다. 직접적으로 복음을 전하지는 못해도 결국, 영혼을 살리는 일이 바로 예수 그리스도가 원하시는 일이라 생각한다.

　이 세상 그 누구도 남의 상황을 겪어 보지 않고 그 사람의 고통과 아픔에 대해 판단할 수 없다. 아무것도 가지지 않은 아프리카의 아이들이 제일가는 부자보다 행복할 수 있고, 공부를 1, 2등 하는 학생이 꼴찌 하는 학생보다 불행할 수 있다. 대부분의 사람이 인생에서 한 번쯤은 죽고 싶다는 생각을 해봤을 것이다. 나 또한 5대째 모태 신앙인으로 자랐어도, 너무 힘들어 죽고 싶은 생각에 차가 쌩쌩 달리는 6차선 도로를 미친 듯이 뛰어 다녀도 보고, 추운 겨울밤에 한강 대교에서 강을 내려다 보며 뛰어들까 생각한 적도 있다. 하지만 어릴 때부터 들어서 세뇌된 복음과 성경 말씀 덕에 끝내 자살까지는 이어지지 않은 듯하다. 그 어느 때보다 경쟁이 치열하고 개인주의가 강해진 이 시대에 우리가 필요한 것은 사랑과 관심, 그리고 용기이다. 우리가 예수 그리스도를 믿는 사람으로 항상 주위를 둘러보며 그 사랑을 전하는 메신저로 살아가길 소망한다.

dsm엔터테인먼트

90년대 초반, CCM 붐이 일어나 황금기를 맞았을 때는 CD와 테이프가 수만 장, 아니 수십만 장까지도 팔렸다. 그 덕에 기독교 기획사와 음반사, 그리고 CCM가수까지도 이익을 얻을 수 있었다.

하지만 2000년도 초반부터 인터넷 보급으로 음원이 불법으로 공유되면서 음반 판매가 잘 이루어지지 않자 성황을 이루던 기독교 기획사가 속수무책으로 문을 닫게 되었다. 초청 사례비 경우 일반 가수는 CCM 가수보다 많게는 100배의 개런티를 받기 때문에, CD 판매금으로만 생존하는 CCM 시장에 비해 가요계의 기획사 운영비와 음반 제작비에는 그리 큰 타격이 가지 않았다. 그 때문에 한국 가요는 급속도로 발전하여 음원의 퀄리티와 완성도가 점점 높아지는 반면에 CCM은 내림세로 돌아서서, 거액을 투자해 높은 퀄리티 음원을 만드는 일이 불가능해졌다. 이 때문에 젊은 세대는 점점 CCM에서 멀어져 세상 음악에만 귀를 기울이고, CCM 가수에 대한 관심도 사라졌다.

기독교 문화가 세상 문화보다 앞서 주류가 되어야 문화를 통한 전도가 수월한데, 점점 뒷걸음질만 치니 다음 세대를 세상에 빼앗길 수밖에 없다.

미션 스쿨과 청소년, 청년 캠프 사역을 하다 보니 다음 세대 선교에 대한 필요성을 절실히 느끼게 되었다. 이제는 학업과 세상 문화에 빼앗겨 기독교 인구 수는 미전도 종족 수만큼 낮아졌다. 10명 중 4명이 아이돌 가수가 되는 게 꿈인 이 세대에게 건전하고 거룩한 기독교 문화를 심어 주는 것이 우리의 역할이다. 혼자서는 역부족이라 아트 코리아, 본 웨이브로 연합을 계속 시도했지만, 장기간 전략적으로 현시대에 맞춰 기독교 문화를 세워가지 않으면 안 되었다. 그래서 다음 세대를 세워가기 위해 열정을 쏟아 붓고 있는 류인영 목사와 수시로 만나 많은 이야기를 나누기 시작했다.

류인영 목사는 어려서부터 문화 사역에 비전을 품어 왔다. 그래서 전도사 시절에 교회 초등부 5명의 여자아이들에게 악기를 하나씩 가르쳐 밴드를 구성해 키워 왔다. 그렇게 해서 결성된 밴드가 '프라이드 밴드'다. 여학생 다섯을 데리고 전국 방방곡곡을 다니며 사역하는 게 여간 어려운 일이 아니었다. 주유비와 식대, 악기와 음향 구매비, 유지비 등 교회에서 주시는 사례비로는 음반 제작은커녕 팀을 운영해 나갈 수조차 없었다. 그래서 공사판에서 일하는 등 온갖 잡일을 통해 돈을 벌어 팀 운영을 해나갔다.

프라이드 밴드를 매니지먼트하고 음향과 인테리어 사업의 노하우를 가진 류 목사와 아트 코리아, 본 웨이브 등의 기독교 연합체를 운영한 경험이 있는 내가 dsm엔터테인먼트를 만들었다. dsm은 d=다음 s=세대

m=문화를 세워나가는 d=댄서 s=싱어 m=뮤지션 이라는 의미다. 인천 프라이드 밴드 연습실을 증축하여 사무실과 예배당, 댄스 연습실과 녹음실을 마련했다. 그리고 같은 비전을 품고 뜻을 같이할 소속 아티스트, 조명팀, 음향팀, 영상팀, 디자이너와 프로듀서를 영입했다. 대선배인 '다윗과 요나단'의 황국명 목사님을 고문으로 모시고 유명 CCM 가수 강찬을 포함한 여러 그룹, 솔로, 워십 리더, 인디밴드, CCM 밴드 등의 기존 아티스트와 신인 아티스트로 구성했다.

무엇보다 필요한 건 기초 운영 자금이었다. 그래서 내가 적을 두고 있는 열림교회 이인선 목사님을 찾아갔다. 누구보다 문화 사역에 관심이 많고 필요성을 느끼는 목사님이기에 dsm엔터테인먼트의 이사장을 맡아주시기로 했다. 교계의 문화 사역에 관심 있는 사람들과 여러 지인, 목사님들과 기자들을 초청하여 dsm엔터테인먼트 출범식 감사 예배를 드렸다. 이사장님의 후원으로 dsm책자가 나왔고, 그렇게 엔터테인먼트가 시작되었다.

매달 다 함께 모여 정기 모임을 가졌다. 1부에서는 이사장님 및 문화 사역에 관심 있는 목사님을 모셔 예배를 드림으로 은혜와 회복의 시간을 가졌다. 2부에서는 매번 한 팀씩 40분 콘티의 사역을 준비하여 dsm 식구들 앞에서 공연하고 서로 피드백을 나누며 사역을 발전시켜 나갔다. 3부에서는 음향 세미나, 스피치 교육, 기질 테스트, 포토샵 강의 등 사역하는데 필요한 교육을 진행해 나갔다. 보컬 레슨과 댄스 트레이닝도 혼자 시작하기 어렵지만, 기획사 안에서 연합하여 함께하니 비용도 절감하고 시너지 효과도 나 많은 아티스트가 참여하여 자기계발을 꾸준히 할 수 있게 되었다. 또한 스케줄이 겹치지 않을 때 서로 매니저로 섬기며 사역을 돕고, 영상도 촬영하여 모니터링과 미디어 콘텐츠로 활용할 수 있었다.

교회의 수요 예배 활성화를 위해 '수요일에 만나요' 콘텐츠를 만들어 진행했다. 매주 또는 매달 수요 예배에 문화 사역자를 초청하고 찬양 예배로 드려 성도들의 예배 참여를 장려하는 것이다. 또한 dsm 소속 아티스트로 찬양팀을 구성해 지역 청소년 예배 활성화를 위한 'Wake Worship' 프로젝트도 진행했다. 찬양과 예배 문화가 익숙하지 않은 지방을 찾아가 조명과 음향을 설치하고, 풀 밴드의 꽉 찬 사운드로 화려하면서도 깊은 영성의 예배를 드렸다. 우리가 가고 나서도 이 연합 예배가 지속적으로 드려져 더 많은 청소년이 예배를 통해 주님을 만나길 소망하는 마음으로 더 많은 지역에서 진행하게 되었다.

무엇보다 류 대표가 잘하는 사역은 '교회 밴드 만들기'이다. 1박 2일 캠프를 열어 찬양팀이 없는 미자립교회에 찬양팀을 만들어 주는 '작밴'(작은 교회 밴드) 프로젝트는 프라이드 밴드를 키워 낸 류 대표의 노하우에서 시작되었다. 어린이부터 목사님과 사모님까지 누구든 참여 가능해서 한 교회에 5명이 캠프에 참석하면, 악기를 전혀 모르는 사람도 1박 2일 16시간 수업으로 찬양 40곡을 연주할 수 있게 된다. 캠프 이후에도 레슨을 더 원하는 교회가 있으면 dsm 아티스트가 직접 강사로 파송되어 밴드 강의를 진행한다. 교회에 찬양팀이 있으면 교회도 활력이 넘쳐 부흥되고, 자녀들의 밴드 활동으로 안 믿는 부모가 교회에 나오게 되는 등의 귀한 간증거리도 많다.

작은 돌멩이를 고요한 물에 던지면 작은 파동에 그치지만 수십 개의 작은 돌멩이는 큰 파동을 일으키듯 주 안에서 연합하여 선을 도모하면 조금씩 다음 세대가 주님께로 돌아올 것이라 믿어 의심치 않는다. dsm엔터테인먼트는 계속해서 다양한 콘텐츠와 방법으로 다음 세대와 교회를 위한 문화 사역을 해 나아갈 것이다.

"우리가 알거니와 하나님을 사랑하는 자 곧 그의 뜻대로 부르심을 입은 자들에게는 모든 것이 합력하여 선을 이루느니라"(롬8:28).

나는 ○○○ 해나리입니다.

내 이름 앞에 붙일 수 있는 수식어는 단지 '전자 바이올리니스트'만이 아니다. 나는 도전하는 것과 배우는 것을 두려워하지 않는다. 그래서 지금의 해나리가 있을 수 있었다.

세계 유일의 전동 보드 위 전자 바이올리니스트

'클래식 바이올린 – 전자 바이올린 – 노래 – 댄스 – LED의상 – 레이저 활 – 전동 보드'

나는 삶의 모든 영역에서 공연에 대한 영감을 얻는다. 새로운 것을 창조해 내고 도전하면서 나 자신이 업그레이드되고 또 그로 인해 희열을 느낀다. 항상 기독교 문화가 세상 문화를 앞서가야 한다는 생각에 자꾸 새 분야를 더 개척해 나가려고 노력한다.

청각만으로 청중에게 즐거움을 주는 시대는 끝나고 비주얼 시대가 왔다. 대부분의 사역지에는 공연용 조명이 설치되어 있지 않아 공연할 때 밋밋한 감이 있다. 그래서 내가 곡마다 어울리는 화려한 백그라운드 영상을 만들어 프로젝터로 스크린에 비춰 조명 효과를 내곤 한다. 그도 부족하다 싶어 나중에는 레이저와 미러볼 조명을 사서 매번 설치해 사용하였다.

LED 트론 댄싱하는 팀을 TV에서 처음 보고 그 화려함에 현혹됐다. 수소문 끝에 팀을 찾아가 내 LED 의상을 위탁하여 제작했다. 레이저쇼 아티스트도 만나서 조언을 받아 바이올린 활에 레이저를 장착했다. 사역지에 가서 암전한 후 LED 의상을 입고 레이저 활을 들고 연주하니 특히 젊은 층 관객이 열광했다. 그래서 대학교 채플 시간에 무관심한 대학생들의 이목을 끄는 데 효과적으로 사용됐다.

데뷔 때부터 나의 꿈은 빙판 위에서 아이스 스케이트를 타고 콘서트하는 것이었다. 피겨 스케이터들이 백댄싱을 하며 무대를 꾸며 준다면 이보다 멋진 무대가 어디 있을까! 하지만 현실 불가능한 꿈이었다. 그런데 어느 날, 인터넷에서 전동 보드를 타는 사람을 보게 되었다. '바로 이거야!'라고 생각한 나는 전동 보드 대여점을 찾아갔고, 처음으로 보드 위에 올라타 보았다. 막상 타보니 위에 올라가는 것조차 힘들 정도로 어려웠다. 그래도 포기하지 않고 그날부터 계속 연습에 돌입했다. 복도에서, 주차장에서, 공원에서 끊임없이 연습한 후 바이올린을 연주하며 보드 타는 연습을 했고, 마침내 자유롭게 연주하며 움직이는 게 가능해졌다. 무대 위 이곳저곳을 전동 보드로 누비며 연주하니, 마치 빙판 위에서 스케이트를 타고 연주하는 것 같은 느낌이 났다. 관중도 신기함과 경이로움에 박수갈채를 쏟아냈고, 내 꿈도 절반은 이루어진 셈이 되었다.

이제 다음 꿈은 하늘을 날며 연주하는 것이다. 플라이 보드가 완성 단계에 이르러 안전이 보장되는 날이 속히 와, 최초로 하늘을 나는 전자 바이올리니스트가 되어 전 세계적으로 영향력을 발휘하는 아티스트가 되고 싶다.

작곡가, 편곡가

그리고 작곡가, 편곡가로서의 해나리를 이야기하고 싶다. 바이올린은 굉장히 섬세하여 연주하기 상당히 어려운 악기다. 그래서 소리다운 소리를 낼 때까지 적어도 10년은 걸린다고 본다. 70세 넘은 우리 교수님도 매일 연습하지 않으면 감이 떨어진다고 긴장을 늦추지 않으실 정도이니 그 섬세함은 말로 표현 못 한다. 전자 바이올린은 어쿠스틱 바이올린같이 자체적으로 울림통이 없어서 더 섬세하다. 연주하는 대로 정직하게 소리가 난다. 활이 현에 조금만 닿아도 소리가 전달되고, 손가락을 제 음에서 1mm만 비껴서 놓아도 음정이 달라진다. 그래서 전자 바이올린을 시작할 때 대면한 첫 과제가 바로 정교함이었다.

이런 특성 때문에 바이올린곡 작곡은 바이올린 연주자가 가장 잘한다. 가뜩이나 전 세계에 전자 바이올리니스트 수가 많지 않은데다가 앨범을 내고 활동하는 프로는 극히 드물었기 때문에 내가 연주할 수 있는 곡이 적었다. 그리고 첫 앨범 작업 때도 전자 바이올린곡은 처음이라 곡을 못 쓰겠다고 거절한 작곡가도 많았다. 그래서 성령 연주의 은사(Part 1, 5장 참고)를 받은 이후로 작곡이 가능해진 내가 직접 작곡하는 게 최선이었다. 바이올린의 모든 연주 테크닉을 다 숙지하고 있고, 또 어려서부터 여러 장르 음악을 듣고 연주해 온 내가 가장 잘 표현할 수 있다고 여겨 첫 앨범부터 대부분의 바이올린 멜로디를 내가 직접 썼다.

처음 활동하던 2년 동안은 내 앨범이 없었다. 일반 음악에서 사역으로 전향할 때 내가 세운 목표는 찬송가와 클래식 곡을 접목하여 익숙한 클래식 곡을 연주함으로 클래식의 문턱을 낮추고 또 비신자에게는 찬송가를 자연스럽게 들려줌으로써 은혜를 끼치는 것이었다. 하지만 기존에 나와 있는 음악 중에는 그런 곡이 전혀 없었다. 그래서 주변의 도움으로 배운 MIDI(전자 악기와 컴퓨터 연결 장치 프로그램)를 사용해 편곡하여 직접 음원을 만들기 시작했다. 그렇게 작·편곡한 음원을 프로 편곡가가 더 멋지게 완성시켜 앨범에 담았다. 그런 곡의 예가 1집의 <J.C>, <Starter>, <minoresque>, 2집의 <Canon>, <Get Up>, <2J> 등이다. 필요에 따라 영감과 은사를 주시고, 귀한 도움의 손길을 허락하신 분이 주님이시기에 나를 자랑할 수 없고 주님만 높일 뿐이다.

스타일리스트

어려서부터 뉴질랜드에서 한국 무용 공연을 하다 보니 공연용 메이크업을 직접 해야 했다. 그래서 메이크업에 관심이 많다. 사역자로서는 처음으로 스모키 메이크업(눈 화장을 진하고 어둡게 하여 눈을 강조하는 방법)을 하고, 다른 사역자한테 전도까지 할 정도이니 말이다. 시간 날 때마다 뷰티 프로그램을 보며 트렌드를 익혀, 나뿐만 아니라 다른 아티스트한테도 얼굴에 맞는 메이크업을 해주기 시작했다.

프라이드 밴드의 뮤직비디오 촬영과 단독 콘서트 때 의상 콘셉트부터 메이크업, 헤어 스타일링까지 모두 내가 해주었고, 서하얀 뮤직비디오 촬영 때도 1박을 함께하며 헤어와 메이크업을 해줬다. 페이먼트 밴드 앨범 자켓 촬영 때도 남성과 여성 메이크업을 총괄해서 해주고, 촬영 내내 옆에서 도우미를 자처했다. dsm 책자 사진 촬영 때도 대부분의 아티스트의상 코디 및 메이크업과 헤어를 해주어서 아티스트가 더욱 빛나 보이게되었다. MT나 수련회에 가면 여성 아티스트를 모아 놓고 얼굴형과 이목구비에 맞는 무대 메이크업을 가르쳐 주고 직접 시연도 해줘 무대에서 더욱 빛날 수 있게 도움을 줬다.

일반 가수나 연예인은 촬영할 때 수많은 스태프가 붙어 도움을 주는데 크리스천 아티스트는 경제적이나 구조적으로 그럴 수 있는 상황이 안된다. 하나님은 나에게 외향적인 단점을 극소화하고 장점을 극대화할 수 있는 달란트를 주신 것 같다. 그래서 크리스천 아티스트들이 내게 도움을많이 청한다. 내 작은 도움으로 인해 크리스천 콘서트와 앨범 자켓, 뮤직비디오의 퀄리티가 조금이라도 높아질 수 있다면 그걸로 족하다. 주님께서 거저 주신 달란트를 주의 일에 거저 사용하는 건 당연하기 때문이다.

공연 기획자

콘서트는 아티스트의 모든 모습을 보여 주는 자리다. 그래서 일반 사역이나 방송과는 달리 더욱 특별하고 화려하게 연출해야 하므로 어마어마한 노력과 비용이 든다. 연예계 탑 가수는 분야별 전문가가 기획하기에높은 퀄리티의 볼거리와 들을거리를 제공하여 티켓을 비싼 가격에 판매하여 비용을 충당한다. 하지만 크리스천 아티스트는 그렇게 못 하는 상황이기에 콘서트 한 번 열기 힘들다.

dsm엔터테인먼트가 생긴 이후 모든 멤버가 마음을 쏟아 함께 준비한첫 콘서트가 '강찬의 첫 번째 단독 콘서트'였다. 강찬 선배도 여러 곳을 다니며 활발하게 사역하는 유명 CCM 가수인데, 데뷔 이래로 한 번도 제대로 단독 콘서트를 해본 적이 없었다. dsm이 콘서트를 재정적으로 지원해 줄 수는 없지만, 함께 마음을 쏟아 준비할 수 있는 인력이 있기에 3일 콘서트를 열기로 했다. 총 기획 및 연출을 dsm 기획 실장인 내가 맡았고, 조명, 음향, 영상팀과 여러 차례 회의하며 연출을 극대화하는 데 힘썼다. 테마 설정과 장소 섭외, 라이브 밴드 섭외 및 합주 진행, 홍보물 디자인 및 보도자료 배포, 콰이어와 게스트 아티스트 섭외 및 리허설 진행 등 할 일이 어마어마하게 많았다. 소속 멤버들과 일을 분담하여 진행했는데도 류 대표와 나는 6개월간 전적으로 매달려 콘서트 준비를 했다.

결과는 대성공이었다. 재미와 감동, 은혜가 가득한 최고의 콘서트였다. 70명 이상의 아티스트와 스텝이 고퀄리티의 화려한 CCM 콘서트를 완성시킨 것이다! 부산, 용인 등의 타지역에서도 앵코르 콘서트 요청이 들어올 만큼 평이 좋은 콘서트로 남게 되었다. 이후 '여울비 콘서트'와 '해나리 콘서트'도 부족하지만 내가 총 기획 및 연출을 담당해 공연 기획자로서 자리매김하게 되고, 소속사 멤버 모두 함께 협력하여 멋지게 장식한 콘서트로 남았다.

공연 기획에 대해 특별히 공부한 적도 없는데 하나님이 이렇게 공연 기획자로 세우시니 그저 감사할 뿐이다. 기독교 문화의 발전을 누구보다 바라는 마음으로 애정과 열정을 갖고 내 시간과 노력을 주의 일을 위해 아낌없이 사용한 것이 하나님 눈에 예쁘게 보였나 보다.

♪ Go Back (고백)

나는 한국에서 11년간 연평균 150회 공연을 했다. 많게는 하루에 5번 씩도 했고, 나흘 동안 12번을 연이어 한 적도 있다. 일반 아티스트가 아닌 '사역자'이기에 스케줄이 허락하는 한 거절하지 않고 무조건 가서 연주했다. 영혼 구원을 하고 생명을 살리는 데 이렇게 왕성하게 쓰임받아 감사했지만, 기획사 운영하랴, 내 스케줄 감당하랴, 주기적으로 앨범 내고 영상 콘텐츠 올리랴, 연합 퍼포먼스 기획하랴, 쉴 새 없이 움직이는 내 몸과 마음은 지쳐만 갔다.

전자 바이올린은 자체적으로 소리가 나지 않기 때문에 모니터 스피커를 통해 내가 내는 소리를 듣고 바른 음정을 잡고 연주해야 한다. 하지만 사역지에 모니터 스피커 및 음향 시스템이 제대로 갖춰진 곳은 10분의 1도 안 된다. 그래서 내 소리를 제대로 들을 수 없기 때문에 연주할 때 나도 모르게 오른팔과 어깨에 힘을 많이 주게 된다. 그래서 어깨 연골이 닳을 대로 닳고 손목 통증이 점점 심해져만 갔다. 오른쪽 무릎도 주기적으로 아파 왔다. 그래서 연주 후에 꼭 냉찜질하고 또 온찜질을 해야 통증이 조금이나마 완화되고, 연주 다음날엔 꼭 병원에 가서 뼈를 깎는 듯한 아픔을 동반하는 치료를 받아야 했다. 연주를 중단하고 쉬지 않으면 낫지 않는다는 의사의 말을 듣고도 요청을 거절할 수 없어 치료와 진통제를 병행하며 사역을 강행했다.

하지만 계속 이대로 가다간 아예 팔을 못 쓰는 상황까지 이를 것 같았다. 그래서 결국 뉴질랜드로 들어가 쉼을 갖기로 결단을 내렸다.

'내가 떠나버리면 dsm엔터테인먼트는 누가 운영하지? 양성하고 있던 새로운 팀은? 월드비전 미션 스쿨 사역은 어떡하지?'

수많은 걱정이 뒤따랐다. 하지만 사역은 사람의 일이 아니니 주님께 모든 걸 맡기고 내 건강부터 챙기는 게 지금으로서는 주님이 원하시는 것이라고 생각했다. 그래서 준비하고 있던 3집 앨범과 콘서트를 마지막으로 2017년 6월부로 해나리 사역의 1막을 내리기로 했다.

갑작스러운 결정에 준비할 게 너무 많았다. 이삿짐을 보낼 운송 업체도 알아보고 비행기 티켓도 저렴한 편으로 알아봐야 했다. 내가 몸담은 모든 영역에서 정리하고, 인수인계해야 했다. 차와 전셋집도 처분해야 하는 동시에 뉴질랜드에서 지낼 곳도 알아봐야 했다. 그 와중에 앨범 작업과 콘서트 준비도 해야 했다. 또 내가 뉴질랜드로 돌아간다고 하니 사역 및 방송 섭외 요청이 많이 들어와서 그 스케줄도 감당해야 했다. 한 달 반을 하루에 서너 시간씩만 자고 견뎌 내니 살이 쭉쭉 빠졌다.

'다시 복음으로 돌아간다', '집으로 돌아간다'는 의미의 해나리의 고백을 담은 3집 앨범 'Go Back'이 2017년 6월 6일 해나리 단독 콘서트 날짜에 맞춰 출시되었다. CCM 앨범으로는 최초로, 다양한 나의 모습을 담은 화보로 자켓을 꾸몄다. 크리스천 문화의 발전을 위해 끊임없이 노력하고 계발한 내 모습을 팬들이 기억해 주길 바라는 마음이었다.

또한 지난 11년 동안 부어 주신 은혜에 감사해 모든 달란트를 쏟아부어 하나님께 드린다는 의미로 'All In' 콘서트를 열었다. 사전 게스트로 MC1호, 가수 구현모, 여울비, 장정은/김세미가 무대를 꾸몄다. 레이저 몬스터가 창조를 테마로 레이저쇼를 화려하게 선보인 뒤 나와 콜라보 무대를 가졌다. 그 외에도 LED 트론 댄스, 일렉 현악 3중주, 걸밴드, 여성 보컬그룹, 인디밴드와의 콜라보 무대를 통해 귀와 눈이 모두 즐거운, 다양한 무대를 준비했다. 가수 이미쉘의 특별 무대와 더불어 가수 임정희와 최영호 PD의 서프라이즈 무대도 관객의 마음을 사로잡는 데 한몫했다. 특별히 프라이드 밴드와 함께 전동 보드 위에서 안무에 맞춰 연주한 순서는 내 꿈이 다시 한 번 실현되는 순간이었고, dsm 아티스트 전원이 함께 <주님 사랑합니다>를 찬양할 땐 가슴 깊은 곳에서부터 울림이 있는 시간이었다.

그동안 나를 응원하고 기도해 준 많은 팬과 지인, 교인, 가족, 친구가 참석한 자리라 마지막 멘트를 할 때는 터져 나오는 눈물을 참을 수 없었다.

"건강상의 이유로, 이 콘서트를 마지막으로 뉴질랜드로 돌아갑니다. 지금까지 저를 이끌어 주신 하나님의 은혜와 저를 위해 기도해 주신 모든 분께 감사드립니다. 쉬면서 건강을 회복하고 다시 돌아올 테니……."

순간 수많은 기억이 스쳐 지나가면서 말을 잇지 못했다. 그러고는 화려한 현악 4중주의 연주로 출연진만 50명이 넘는 콘서트 대장정의 막이 내렸다.

𝄢 내가 있는 자리에서!

숨 막히듯 바쁘게 살다가 깨끗하고 아름다운 자연환경 속에서 특별히 하는 일 없이 여유롭게 사는 삶이 그저 꿈만 같았다. 확연히 달라진 삶에 적응하는 과정에서 약간의 우울증도 왔다. 하지만 주님이 허락하신 쉼의 시간이기에 주님과의 관계를 더욱 친밀히 하기 위해 기도와 묵상에 전념했다. 바이올린 연주를 쉬며 치료받으니 어깨와 손목 통증도 많이 좋아졌다. 그리고 어느 날, 뉴질랜드 결식아동을 돕는 사역을 하는 목사님을 만나게 되었다.

복지가 잘 되어 있는 나라로 손꼽히는 뉴질랜드에서 일 년에 150명의 아기가 죽고, 하루에 한 끼도 제대로 못 먹는 어린이가 수없이 많다는 이야기를 들었다. 믿기지 않았다. 이 목사님은 그런 환경에 노출돼 있는 어린이가 많은 학교를 찾아가 아이들에게 아침 식사를 제공하는 사역을 하고 계셨다. 아이들이 학교에 와도 배가 고프면 공부에 집중할 수가 없기 때문에 이들의 배를 채워 주는 게 우선이라는 어느 교장 선생님의 말에 공감하지 않을 수 없었다. 그래서 목사님의 사역을 확장하고 돕기 위해 후원금을 모금하는 콘서트를 열기로 했다.

한국에서 연 'All In' 콘서트 폼을 그대로 가져가려 했지만, 함께했던 아티스트를 뉴질랜드로 다 부를 수는 없는 노릇이었다. 그래서 교민 가운데 댄서와 안무가로 유명한 리나 채와 파트너 Zed, 조이풀 청소년 오케스트라, 남십자성 어린이 예술단, 그리고 청소년 케이팝 댄스팀을 섭외하여 콜라보 무대를 꾸몄다. 특별히 리나 채는 내 대학 동기로, 팝 가수 비욘세의 댄서로도 활약했으며, 현재 여러 케이팝 그룹 안무가로 활동하고 있는데, 고맙게도 이 선한 목적을 갖고 여는 콘서트에 재능 기부로 함께해주었다.

한국에 비할 수는 없지만, 조명과 영상, 특수효과 등을 사용해 최저 예산으로 최고의 퀄리티를 내기 위해 노력했다. 오클랜드의 마당발인 아버지가 이 목사님과 더불어 홍보와 후원 모금을 담당해 주셨다. 또한, 내가 교민 TV와 방송, 현지 크리스천 라디오에까지 출연해 이 선한 사업을 알렸다. 그리고 당일, 650여 명의 관객이 공연장을 가득 채웠고, 오클랜드 교민 사회에서는 전무한, 화려하고 특별한 콘서트로 모두의 기억에 남았다. 이번 콘서트를 계기로 티켓 판매 비용 이외에 여러 교회와 기업, 그리고 단체에서 추가 후원금이 계속 들어와 풍성한 천국 잔치가 되었다.

"해나리 씨, 앞으로의 계획이나 비전이 무엇인가요?"

라디오나 TV 방송 인터뷰에서 이런 질문을 많이 받는다.

"지금이나 앞으로나 저의 비전은 영혼 구원입니다. 주님이 부르시는 날까지 어떤 형태로든 사역할 것입니다."

꼭 앞에 서서 찬양을 하거나 설교를 하지 않아도 내가 있는 자리에서 영혼 구원을 위해 힘쓴다면 그것이 사역이라 생각한다. 내가 언제까지 전동 보드 위에서 춤추며 바이올린 연주를 할 수는 없을 것이다. 주님께서 나를 언제, 어디로 가라 명하시고, 어떤 형태로 사역하게 하실지 모르지만, 그저 순종함으로 부르신 곳으로 나아갈 준비가 항상 되어 있길 원한다.

Epilogue

하나님이
나에게 원하신 한 가지,
동행

    Covid-19! 눈에 보이지 않는 적, 코로나 바이러스가 온 세계를 마비시켰다. 국가 간의 이동은커녕 지역 간의 이동도 불가능해졌고, 잦은 락다운(Lock Down)으로 집 밖 외출까지도 제한되는 날이 이어졌다. 카페나 쇼핑몰에 가는 사사로운 일상이 당연한 일이 아닌 특별한 일이 되었고, 학교나 일터에도 갈 수 없어, 그야말로 '집콕'만이 살 길이었다.

    2019년 11월에 딸이 태어났다. 이때쯤 시작된 코로나 바이러스가 뉴질랜드에는 그나마 좀 늦게 들어온 편이었다. 덕분에 딸이 신생아였을 때 병원을 자유롭게 다닐 수 있는 혜택(?)을 누릴 수 있었다. 확진자가 한 명 생기자마자 뉴질랜드 정부는 국경을 바로 폐쇄하여 치명적인 사망자 수를 피할 수 있었다. 하지만 그로 인해 갑작스럽게 치솟은 실업률과 얼어붙은 경제, 교육, 문화적 혜택은 피해갈 수 없었다. 계속 연장되는 락다운 기간으로 인해 경제적인 피해가 큰 서민과 기업에게 정부는 보조금을 지급했고, 그 덕에 우리 가족은 그 당시에는 불편함 없이 살아갈 수 있었다. 하지만 후폭풍으로 폭등한 물가와 세율, 대출 금리는 모두 서민들의 몫으로 돌아왔다. 2022년 현재, 뉴질랜드는 세계에서 물가가 가장 높은 나라 중 하나가 되어 버렸다.

많은 사람이 한 곳에 모일 수 없으니 공연 문화가 막을 내릴 수밖에 없었다. 한국의 동료 사역자들은 갑작스럽게 실직자가 되었으며, 공연의 장이 다시 열릴 때까지 다른 일자리를 구해야 생계를 유지할 수 있게 되었다. 나 또한 인터넷 쇼핑몰 동업을 시작하고, 주중 저녁 시간과 주말에는 과외와 병원 파트타임으로 일을 해야만 생활이 가능해졌다. 이런 시기를 보내면서 평생 음악과 사역밖에 몰랐던 내가 여러 일을 경험하며 다양한 사람을 만나도록 이끄시는 주님의 뜻을 깨닫는 기회가 되기도 했다.

"하나님, 이 코로나 사태를 통해 우리에게, 아니, 저에게 원하시는 것

이 무엇인가요?"

공예배도 드리지 못하고, 사람을 자유롭게 만나지도 못하는 이 코로나 시국이 지속되는 동안 몇 번이나 주님께 같은 질문을 드렸다. 그리고 내가 찾은 답은 바로 '동행'이었다.

주님께 드리는 예배가 해이해질 수 있는 가운데, 주님 앞에 바로 서기 위해 몸부림치는 나의 노력. 광야의 시간을 통해 주님과의 친밀함이 더욱 깊어지는 것. 가정의 영적 성장과 영성 회복. 언제 어디서나 내가 주님과 동행하는 삶을 사는 것이 바로 주님이 원하셨던 것이다.

이제 코로나가 점차적으로 종식되며 '포스트 코로나' 시대가 시작되었다. 주님께서 우리에게, "너는 광야의 삶 가운데, 또 음지에 있을 때 나와 얼마나 동행하는 삶을 살았느냐?"라고 물으시면, 나는 어떤 대답을 드릴 수 있을까?